Annerose Nagel
Der Pudel

Herausgegeben unter dem Patronat des
Verbandes für das Deutsche Hundewesen e.V.,
44141 Dortmund

Annerose Nagel

Der Pudel

Praktische Ratschläge für Haltung, Pflege und Erziehung

4., neubearbeitete Auflage
Mit 56 Abbildungen, davon 42 farbig

Parey Buchverlag Berlin 1997

Parey-Buchverlag im
Blackwell Wissenschafts-Verlag
Kurfürstendamm 57, D-10707 Berlin

Das Kapitel „Gesundheit" wurde von Dr. med. vet. Peter Brehm, das Kapitel „Ernährung" von Dipl. vet. med. Lutz Salomon verfaßt.

Die Wiedergabe von Gebrauchsnamen, Handelsnamen, Warenbezeichnungen usw. in diesem Buch berechtigt auch ohne besondere Kennzeichnung nicht zu der Annahme, daß solche Namen im Sinne der Warenzeichen- u. Markenschutzgesetzgebung als frei zu betrachten wären und daher von jedermann benutzt werden dürften.

Die Deutsche Bibliothek – CIP-Einheitsaufnahme

Der **Pudel** : praktische Ratschläge für Haltung, Pflege und Erziehung / Annerose Nagel. [Das Kap. „Gesundheit" wurde von Peter Brehm, das Kap. „Ernährung" von Lutz Salomon verf.] – 4., neubearb. Aufl. – Berlin : Parey, 1997
  (Dein Hund)
  ISBN 3-8263-8436-9
NE: Nagel, Annerose

1.–3. Auflage: © 1975–1992 Paul Parey, Hamburg
4. Auflage: © 1997 Blackwell Wissenschafts-Verlag, Berlin · Wien

Einbandgestaltung: Rudolf Hübler, Berlin, unter Verwendung einer Abbildung von Rainer Nell

Satz und Repro: Type-Design, Berlin
Druck und Bindung: Grafos S. A., Arte sobre papel, Barcelona

Gedruckt auf chlorfrei gebleichtem Papier

Printed in Spain · ISBN 3-8263-8436-9

Vorwort

Viele Pudel waren meine Wegbegleiter, einige sind es noch. Sie haben mein Leben bereichert durch ihre einzigartige Persönlichkeit, jeder Einzelne ein unverwechselbares Individuum.

Mit dem vorliegenden Buch möchte ich allen denjenigen Menschen, die sich für diese Rasse interessieren, einen Einblick in die Seele des Pudels geben und gleichzeitig auch einen Leitfaden für Aufzucht, Haltung, Erziehung, Sport und Spiel mit dem vierbeinigen Kameraden. Ich habe versucht, des Pudels Herkunft zu erläutern, soweit die vorhandenen Quellen mir dieses ermöglichten.

Ein besonderes Anliegen war es mir jedoch, unseren Pudel von heute, den idealen Familienhund, in schlichter, sportlicher Fasson zu zeigen. Wegen der übertrieben „gestylten" Herrichtung der wenigen Ausstellungshunde haben die Medien den liebenswürdigen, intelligenten, lustigen und geduldigen Pudel bedauerlicherweise, und ganz und gar zu Unrecht, lächerlich gemacht und seine skurrile Aufmachung gleichgesetzt mit einem solchen Wesen. Dabei trifft den Pudel doch keine Schuld! Er trägt jede Frisur, die man ihm gibt, mit gleicher Unbekümmertheit, und keine, mag sie noch so ausgefallen sein, vermag sein Wesen zu verändern.

Es ist mein Anliegen, diesem Übelstand entgegenzuwirken, vor allem mit Fotos. Betrachtet man das Gebäude des Pudels, so fällt einem die Harmonie der Proportionen sofort auf, und es ist leicht zu glauben, daß sein Wesen genauso ausgewogen und harmonisch ist. Und das ist des Pudels Kern:

Er ist ein Rassehund, der alles kann, der ideale Familienhund! Er ist leicht erziehbar, lernfreudig und lerneifrig, ein treuer Freund, Spielgefährte der Kinder, Clown und Philosoph, stets lustig und zu Späßen aufgelegt, dabei ist er sehr bescheiden, verträglich mit seinesgleichen und verteidigt seinen Besitzer, wenn einmal eine bedrohliche Situation eintritt.

Ich wünsche dieser noblen Hunderasse die Anerkennung, die sie verdient, und allen Besitzern von Pudeln – und solchen, die es werden wollen – eine Bereicherung ihres Lebens durch diesen vierbeinigen Freund.

Hamburg, im Herbst 1996
Annerose Nagel

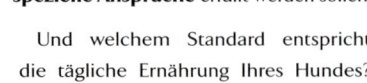

„DER **FORMULA QUALITY STANDARD** SETZT NEUE MASSTÄBE IN DER HUNDE - ERNÄHRUNG."

(Dr. Ivan Burger, leitender Ernährungswissenschaftler in unserem Waltham® Centre für Heimtierhaltung und -ernährung)

Neue Erkenntnisse in der Hunde-Ernährung fordern neue Maßstäbe: Den **FORMULA QUALITY STANDARD.**

Dieser Standard ist das Resultat eingehender Studien unserer Ernährungswissenschaftler und Tierärzte in **Waltham®**, der Welt-Autorität für Heimtierhaltung und -ernährung.

Der **FORMULA QUALITY STANDARD** verlangt höchste Qualität der Zutaten und gewährleistet eine optimale Verdaulichkeit. Außerdem werden **Protein-Quelle,** Beschaffenheit der Kohlenhydrate,

Vitamine und auch Mineralstoffe in der Hunde-Nahrung genau festgelegt, um das Risiko sensibler und allergischer Reaktionen so gering wie möglich zu halten.

Das Ergebnis: Die **ADVANCE FORMULA Range.** Hunde-Nahrung, die vollständig diesen höchsten Maßstäben entspricht und exakt auf Hunde ausgerichtet wurde, bei deren Ernährung **spezielle Ansprüche** erfüllt werden sollen.

Und welchem Standard entspricht die tägliche Ernährung Ihres Hundes?

Mit unseren Tierärzten entwickelt, von erfolgreichen Züchtern empfohlen.

ADVANCE FORMULA. Im führenden Fachhandel erhältlich. Bezugsquellen nennen wir Ihnen unter: 01 30/12 22 23

Inhalt

Der Pudel – seine Rassegeschichte 9
Der Pudel in Politik und Literatur – Gründung des ersten Pudelklubs
in München – Der Pudel wird wieder beliebt – Die neuen Farben des
Pudels – Allgemeine Eigenschaften

Zum Rassestandard 23
Internationale Standardvorschriften – Pudelzucht in der ehemaligen
DDR – Der Standard – Kluborganisation

Der Pudelkauf 42
Voraussetzungen – Genehmigung der Hundehaltung durch den
Vermieter – Rüde oder Hündin? – Die Läufigkeit der Hündin – Wo kauft
man einen Pudel? – Dokumente unseres Pudels – Was ist noch zu beachten?

Die Aufzucht des Welpen 51
Allgemeines – Das Lager – Stubenreinheit – An- und Auffressen
von Gegenständen

Erziehung 57
Der Pudelwelpe kommt ins Haus – Gewöhnung an Halsband und Leine
– Der nächtliche Schlafplatz – Futterplatz und Futterzeiten – Kommen
auf Ruf oder Pfiff – Kommandos „Sitz!" und „Platz!" – Erziehung zur
Ruhe – Umgang mit Kindern – Spazierengehen – frei oder an der Leine
– Allein zu Hause

Die Pflege des Pudels 70
Das Baden – Das Scheren

Mit dem Pudel im Urlaub und auf Reisen 77

Mit dem Pudel zur Ausstellung 80
Allgemeines – Vorführwettbewerb für Jugendliche

Leistungssport mit dem Pudel 84
Agility – der neue Breitensport für das Team Mensch/Hund –
Flyball – eine Variante zu Agility – Pudel als Schlittenhunde

Der Pudel, Helfer des Menschen 89
Der Blindenführhund – Der Rettungshund

Ernährung 93
Der Hund braucht mehr als Fleisch – Das Verdauungssystem spaltet die
Nahrung auf – Hohe Energieausbeute nur bei hochverdaulicher Nahrung
– Eiweiße sind Baustoff, Energieträger und Wirkstoff zugleich – Wachsende
Hunde benötigen spezielle Nahrung – Fertignahrung ist hochwertig, sicher
und bequem – Wichtige Tips zur Fütterung Ihres Hundes

Gesundheit 103
Vorbeugen ist besser als Heilen – Erste Hilfe tut not – Alarmzeichen –
Infektionen bedrohen die Gesundheit – Impfungen schützen vor diesen
Infektionskrankheiten – Gegen andere Infektionen schützt Vorsicht –
Wurmkuren gegen unerwünschte Kostgänger – Gefahren für die menschliche
Gesundheit?

Der Pudel im Alter 118

Anhang 119
Anschriften, die Sie kennen sollten – Bildnachweis –
Dankeschön – Literatur

Der Pudel – seine Rassegeschichte

Es gibt viele Legenden und Vermutungen über den Ursprung und die Ahnen des Pudels. Zur Orientierung dienen dabei drei wichtige und für den Pudel charakteristische Merkmale: sein unverwechselbares Wesen, das üppige, lockige Haar und seine Vorliebe für das Wasser. Versuchen wir, seine Vergangenheit ein wenig zu erhellen. Ahnen sind frühestens im ausgehenden Mittelalter zu finden. Im Gegensatz zur Antike, aus der keine auch am Kopf behaarten Hunde bekannt wurden, sehen wir auf Werken italienischer, französischer und deutscher Maler kleinwüchsige, gelockte, langhaarige Hündchen mit Bärten und buschigen Augenbrauen.

Einigen von ihnen ist die hintere Körperhälfte bis auf ein Haarbüschel am Schwanzende und gelegentlichen Rosetten oberhalb der Hinterfüße geschoren. Ihre Schur gleicht der charakteristischen Haartracht des Pudels. Doch für das Apportieren von Wasservögeln waren diese kleinen Luxusgeschöpfe bestimmt nicht geeignet. Sicherlich sind diese Löwen-, Dürer- oder Bologneserhündchen aber schon ein Stein im Ahnenmosaik unseres Zwerg- und Toypudels. Neben diesen kleinen Hunden gab es mittelgroße, kräftige, ebenfalls langbehaarte Jagdgehilfen des Menschen, deren Element das Wasser war: den portugiesischen Cão de Água, dessen hintere Körperhälfte ebenfalls geschoren war, und den irischen Wasserspaniel. Auch der russische Owtcharka soll in diese Gruppe gehören. Sicher werden alle ein Teil zum Entstehen unseres Pudels beigetragen haben. Seinen Namen hat er von dem damals gebräuchlichen Wort „budeln" oder „pudeln" erhalten, was soviel wie „im Wasser plätschern" hieß.

Aber wenden wir uns nun realen, historischen Überlieferungen über berühmte Pudel zu. Im Jahre 1544 ließ ein Bürger der Stadt Colmar zu Ehren seines Hundes, der ihm das Leben gerettet hatte, ein bronzenes Denkmal errichten. Es ist ein Pudel, der durch die Liebe seines Herrn zum Wahrzeichen eines Stadtbrunnens wurde. Der Bildhauer hat ihm fast menschliche Züge gegeben.

Etwa um die gleiche Zeit entsteht das naturwissenschaftliche Werk des schweizerischen Gelehrten Conrad Gesner, die „Historia animalum" (1551–1558). Hier wird zum erstenmal ein Wasservögel jagender Hund erwähnt, der „Canis aquaticus avia-

Pudel als Wahrzeichen eines Springbrunnens in Colmar/Elsaß (errichtet 1544, erneuert 1753)

rius". In einer späteren Schrift beschreibt Gesner, daß diesem Apportierhund das Abnehmen der Haare auf der hinteren Körperhälfte das Schwimmen erleichtert.

Im Jahre 1621 erscheint ein Werk des Gervase Markham über die Jagd zu Wasser und zu Lande, das eine bildliche Darstellung, wie man einen Wasserhund scheren soll, enthält. Auch auf diesem Holzschnitt sind die charakteristische Löwenmähne und der geschorene hintere Körperteil des Pudels zu sehen.

Der Pudel in Politik und Literatur

In der Mitte des 17. Jahrhunderts macht in England ein weißer Pudel namens „Boy" Geschichte. Er war ein Geschenk des damaligen englischen Botschafters in Wien an Prinz Ruprecht, den Pfalzgrafen bei Rhein, der der Königspartei im englischen Bürgerkrieg angehörte. Während seiner Gefangenschaft in einem verlassenen Kastell bei Linz erhielt er „Boy" zur Gesellschaft. Der Pudel wurde sein bester Freund.

Nach Beendigung der Gefangenschaft kam Prinz Ruprecht nach England, wo er die königliche Reiterei im Kampf gegen Cromwell befehligte (1644 bis 1645). Seine Feinde schrieben „Boy" übersinnliche Kräfte zu und die Fähigkeit, in vielen Sprachen sprechen zu können. Sie fürchteten ihn und glaubten, er sei ein Spion. Er wurde zum Helden politischer Pamphlets, genannt „The Divil Dogge Puddle" (der Teufels-Pudel-Hund).

Er starb auf dem Schlachtfeld von Marston Moor, wohin er seinen Herrn begleitet hatte, getroffen von einer feindlichen Kugel der „Roundheads". Mit seinem Tod erlosch der Glücksstern Prinz Ruprechts, er wurde endgültig geschlagen und floh nach Frankreich.

Diese Historie wurde illustriert mit Abbildungen, die etwa 80 Jahre früher der erste bedeutende englische kynologische Literat Dr. Cajus angefertigt hatte. Im 18. Jahrhundert erscheint bereits eine umfangreiche kynologische Literatur, reich an Abbildungen, bestimmt für die Praxis des Jägers. Flemming schreibt in seinem 1719 erschienenen Buch „Der

Eine der ersten Abbildungen eines englischen Zwergpudels, um 1880

Vollkommene Teutsche Jäger" zum erstenmal von dem „Barbet" als Wasserhund. Das seit etwa Mitte des 17. Jahrhunderts bekannte Wort „Pudelhund" ist nunmehr vereinfacht zum „Pudel" geworden. Hier sei ein Originaltext zitiert, der 1790 in dem Werk „Naturgeschichte für Jünglinge" gedruckt wurde: „Pudel – Canis aquaticus ... Gehört in die Ordnung der reissenden Säugethiere, und zu dem Geschlecht der Hunde. Er hat einen starken Kopf und lange krause Haare. Geht gern ins Wasser und holt herbei, was man hineingeworfen hat, und ist überhaupt der getreueste unter allen Hunden."

Neben der Jagd gab es für den Pudel keine Aufgabe, die er nicht übernehmen und voll erfüllen konnte. So verwundert es nicht, daß sich seine Rasse in kurzer Zeit über ganz Europa verbreitet.

Die napoleonischen Kriegsinvaliden verdienten sich ihren kärglichen Lebensunterhalt mit dressierten Pudeln, mit denen sie über Land zogen. Aber auch Künstler, Gelehrte, Literaten wählten den Pudel zu ihrem Begleiter: Ludwig van Beethoven komponierte um 1787 eine „Elegie auf den Tod eines Pudels". Schopenhauer und sein schwarzer Pudel „Atma" waren unzertrennlich. Und in Goethes „Faust" wird der Pudel zur Unsterblichkeit erhoben; in seiner Gestalt erscheint Mephisto auf der Bühne.

Das 19. Jahrhundert ist das Jahrhundert, in dem das Interesse am rasereinen Hund entsteht. Es gibt eine fast schon modern zu nennende Literatur, hundesportliche Ereignisse wie Ausstellungen, und es gibt die ersten Klubzusammenschlüsse. 1827 erscheint die Abbildung eines Pudels (auf einer Tafel in Gemeinschaft mit anderen beliebten Hunderassen) in der „Naturgeschichte und Abbildungen der Säugethiere".

Der Text lautet: „Taf. 40 f. Pudel. Canis aquaticus, Linn. Grand barbet. Der Kopf dick und rundlich; die Schedelhöhle größer als bei den anderen Varietäten; die Stirnhöhlen sehr gross und entwickelt; die Ohren breit und hängend; die Füsse kurz; der Körper kurz und dick; das Haar am ganzen Körper lang; dick und kraus. Die Farbe schwarz oder weiss und schwarz; gefleckt oder ganz weiss, zuweilen rothbraun.

Untervarietäten sind: Der kleine Pudel, Canis minor, Linn. Er gleicht dem Vorigen in Hinsicht der Gestalt und der Beschaffenheit des Haares; die Schnautze ist verhältnismässig weniger dick; das Haar auf dem Kopf, an den Ohren und dem Schwanzende weicher, fast wie beim spanischen Hund. Er soll vom grossen Pudel und dem kleinen spanischen Hund herstammen. Der Griffon: Gestalt des Pudels; die Ohren etwas rückwärts gebogen; die Haare lang, aber nicht kraus und hängen in langen, geraden Locken herunter; die Farbe ist meist schwarz, über den Augen und an den Füssen rothfalb; die Schnautze langhaarig; Körpergrösse mittelmässig oder klein. Er scheint vom Pudel und Hirtenhund abzustammen. Unter allen Hunden ist der Pudel der verständigste, kann am besten zu allen Künsten abgerichtet werden. Keiner ist mehr seinem Herrn zugethan. Der Pudel liebt das Wasser und schwimmt vortrefflich; man richtet ihn daher zur Jagd auf Wasservögel mit Nutzen ab."

Die vollendetste Liebeserklärung an den Pudel hat der schweizerische Gelehrte, Prediger und Schulmann Peter Scheitlin in seinem geistvollen, im Jahre 1840 veröffentlichten Werk „Versuch einer vollständigen Tiersee-

Postkarte aus der Zeit kurz nach der Jahrhundertwende

lenkunde" geschrieben. Er schreibt darin unter anderem: „Der vollkommenste Hund ist der Pudel, und was Gescheidtes und Braves am Hunde gerühmt wird, bezieht sich vereint auf ihn. Er hat Eigenheiten, Sonderbarkeiten, Originalitäten und Genialitäten. An ihm ist alles Psyche. Der Pudel ist von Natur gut. Jeder schlechte ist durch Menschen schlecht gemacht worden."

Gründung des ersten Pudelklubs in München

In der zweiten Hälfte des 19. Jahrhunderts geht das Interesse am Pudel zurück. Zwar ist seine Rasse nicht vom Aussterben bedroht, doch wird er von den inzwischen intensiv gezüchteten kurzhaarigen englischen Jagdhundrassen verdrängt, deren Pflege für den Jäger viel einfacher ist als die der Locken des Pudels. Ausgehend von Frankreich, breitete sich in dieser Zeit der Gedanke, Rassehunde planmäßig zu züchten, sehr rasch über die übrigen europäischen Länder aus.

Waren es zuerst nur die Jagdhunde, deren Zucht systematisch betrieben wurde, so folgten Zusammenschlüsse von Züchtern und Gönnern auch anderer Hunderassen und nicht nur der Nutzhunde. So lag es nahe, daß auch die Anhänger des Pudels eine Klubgründung ins Auge faßten.

Trotz des Rückgangs in der Verwendung als Jagdhund blieb er bei jedermann populär: durch Spielzeugmacher, Porzellanmanufakturen, lithographische Anstalten, Maler, Holzschnitzer usw. wurde an ihn erinnert. Aber die Anzahl der lebenden Pudel wurde immer geringer. Durch die Umsicht und Weitsichtigkeit einiger Kenner und Liebhaber des Pudels wurde 1896 in München der „Pudelklub" gegründet, und diesem schönen, liebenswerten und aufmerksamen Hund konnte die Basis gegeben werden, die den Fortbestand seiner Rasse bedeutete. Dieser Klub hatte zunächst nur lokalen Charakter, aber er vergrößerte sich in der Mitgliederzahl und von der Verbreitung her so rasch, daß dessen Bezeichnung 1902 in „Deutscher Pudelklub, Sitz München" umgeändert wurde. Zwei Jahre später erschien auch das erste deutsche Pudel-Stammbuch. Der Stammbuchführer, Ferdinand Wirth, trug unter der Nr. 1 seinen schwarzen Schnürenpudel Champion Caro W II. ein.

Am 26. Juli 1904 ließ sich der Verein in das Vereinsregister des Kgl. Amtsgerichtes München I als juristische Person eintragen. Der Zweck des Klubs sei, so heißt es darin, „die Ausbreitung des Pudels mit allen Kräften zu fördern und das Verständnis für seine Reinzucht und sachgemäße Pflege in immer weitere Kreise zu tragen".

„Achilles Toilette". Zeichnung aus „Illustrated London News", 1879

Der Pudel wird wieder beliebt

Jetzt durfte nur noch mit solchen Pudeln gezüchtet werden, die von einheitlicher Farbe waren, ohne Abzeichen wie weiße Brustflecken, weiße Füße und ähnliches. Weitere Grundsätze: Es gibt sie in den Farben Schwarz, Weiß und Braun. Braune Pudel fallen gelegentlich nach schwarzen Eltern, bei ihrer Farbe handelt es sich um ein abgeschwächtes Schwarz. Es gibt nur eine Größe, wobei allerdings auch Tiere kleinen Schlages vorkommen. Doch sind bei Gleichwertigkeit stets die größeren den kleineren vorzuziehen. Um diese Zeit meinte man, daß der Zwergpudel von ganz unnützem Wert sei. Lieber solle man, nach englischem Vorbild, auf den Schauen Klassen für „kleine Pudel" unter 40 cm Schulterhöhe schaffen, die vielfach vorkommen und leicht zu züchten seien. Je nach Haarpflege unterschied man nach „Schnürenpudel" oder „Wollpudel".

Die Schnürenbildung entstand durch Zusammendrehen des abgestorbenen mit dem lebenden Haar zu gleichmäßig festen Schnüren von Strohhalmdicke. Sie konnten Pfoten- bis Bodenlänge erreichen. Um eine perfekte Schnürenbildung zu erzielen, braucht man mindestens zwei Jahre. Die Frisur des Wollpudels entstand durch Stutzen der Zotteln und anschließendes Auskämmen des Haares.

Für den Hausgebrauch war es praktisch, den Pudel ganz abzuscheren. Dabei behielt er die volle Behaarung am Kopf, an den Ohren, der Rute sowie den Manschetten.

Durch die Klubgründung wurden der Pudelrasse immer neue Liebhaber zugeführt, und sie konnte ihren Platz mühelos unter den anderen Hunderassen behaupten. Gegen Ende der 20er Jahre erlebte der Pudel in Deutschland eine Periode besonders hoher züchterischer Qualität. Im Ausland wurden zur Blutauffrischung markante, erbstarke Tiere erworben. Sie prägten den Idealtyp des Großpudels in England, USA und Kanada, um hier nur die wichtigsten Länder zu nennen. Diese Pudel waren im Aussehen so vollendet und im Wesen so nobel, daß sie noch heute das anzustrebende Zuchtziel darstellen.

In den 20er Jahren begann auch der „kleine Pudel" seinen Siegeszug anzutreten, der noch heute anhält. Die Zucht wurde planvoll aufgebaut und erreichte einen hohen Stand. Hemmend wirkte sich allerdings die altmodische Schur aus. Es lag also nahe, daß der gewandelte Zeitgeschmack auch dem Pudel zu einem neuen „Kleid" verhelfen würde. Der neue Anzug hieß „Karakul-Schnitt", Mitte der 30er Jahre von Hans Thum, Berlin, erdacht und einge-

Weiße Zwergpudel
in modischer Schur
auf einer Postkarte
von 1903

führt. Eine zweckmäßige, sportliche Schur, mit kurzgeschnittenem Rükkenhaar und stark belassenem Beinhaar. Sie wurde jedoch als „nicht deutsch" vom Nationalsozialismus verboten! Erst nach dem 2. Weltkrieg war der Weg frei für einen modern geschorenen Pudel. Nachdem die Voraussetzungen für eine planmäßige Zucht in der Bundesrepublik gegeben waren, wurde der Pudel zu einer der beliebtesten Hunderassen unter den Begleit- und Familienhunden.

Doch der 2. Weltkrieg und die Nachkriegszeit hatten den Bestand an Zuchthunden sehr dezimiert. So wurden aus dem Ausland – in der Hauptsache aus England – ständig Zuchttiere importiert, die zu einer Hochzucht des Klein- und Zwergpudels in Deutschland beigetragen haben. Der Großpudel war fast vergessen. Inzwischen ist er wieder in größerer Anzahl in den Schauringen anzutreffen, denn der große Hund ist „in".

Wie bei den kleinen Varietäten geht es auch bei der Weiterzucht des Großpudels nicht ohne Importe aus England, USA und Kanada. Die Zuchtbasis der Großen nach dem Kriege war klein. Eine gewisse Nachfrage war da, so verpaarte man alle Tiere, die die schweren Zeiten überlebten, miteinander, ohne Maßstäbe

17

einer strengen züchterischen Auslese anzulegen. Die Folge war eine Verschlechterung des Typs, die nicht mehr rückgängig zu machen war.

Nur durch die Weitsichtigkeit engagierter Züchter, aus den USA, Kanada und England Abkömmlinge nach Deutschland zurückzuimportieren, deren Vorfahren aus deutscher Hochzucht stammten und von den Züchterfreunden im kriegsverschonten Ausland rassegetreu weitergezüchtet worden waren, ist der Großpudel in der Bundesrepublik heute wieder von hervorragender Qualität. Auf den Straßen begegnet man aber häufiger dem Zwergpudel. Er ist ein so praktischer kleiner Hund, sehr hübsch anzusehen und hat einen reizenden, fröhlichen Charakter. Das Füllhorn des Charmes hat die Natur ohne Unterschied der Größe über *alle* Pudel verstreut! Die Zucht des Kleinpudels, die nach dem Kriege jahrzehntelang sehr stark war, ist in den letzten Jahren zugunsten des Zwerg- und Toypudels, aber auch des Großpudels zurückgegangen. Der Zwergpudel ist ein robuster Hund von handlichem Format und in der Großstadt problemlos zu halten. Seit dem Jahr 1985 ist als vierte Größe offiziell der Toypudel hinzugekommen, ein vielbegehrter kleiner Begleiter. Wie bei kaum einer anderen Hunderasse hat der Pudelfreund bei der Auswahl viele Möglichkeiten. Je nach Geschmack und Wohnverhält-

nissen kann er wählen zwischen vier Größen und fünf verschiedenen Farben: Schwarz, Weiß, Braun, Silber und Apricot. Diese Palette vergrößert sich aber noch durch drei neue Farbschläge.

Die neuen Farben des Pudels

Mehrfarbenpudel. Mehrfarbige Pudel gibt es in zwei verschiedenen Färbungen und Zeichnungen. Die eine Varietät ist der schwarz-weiß gescheckte Hund, auch Harlekin-Pudel genannt. Er ist aus schwarzen Elterntieren entstanden, die, jeder verdeckt, ein Gen für schwarz-weiße Scheckung trugen. Mit anderen Worten, rein äußerlich konnte man den einfarbig schwarzen Hunden nicht ansehen, daß sie außer schwarzen auch gescheckte Vorfahren hatten. Traf bei der Verpaarung von Rüde und Hündin aber zufällig von jedem Elternteil ein rezessives Gen für die Scheckung zusammen, mußten in einem überwiegend schwarzen Wurf auch schwarz-weiß gescheckte Welpen fallen. Der Ursprung dieser Farbvariation läßt sich nicht feststellen.

Sind in einem Wurf Harlekin-Pudel gefallen, so dürfen diese nur mit ebenfalls schwarz-weiß gescheckten Tieren verpaart werden, nicht aber mit einfarbigen, um die für diesen Farbschlag vorgeschriebene

Scheckung zu erreichen. Diese soll sein: Weiß vorherrschend, möglichst 60 %, und 40 % Schwarz. Der Kopf schwarz; zulässig sind eine feine weiße Linie von der Nasenwurzel bis zum ersten Halswirbel oder ein weißer Tupfer in der Krone und ein weißer Bart. Die ideale Zeichnung des Körpers zeigt zwei oder drei schwarze Platten, vom Weiß scharf abgegrenzt. Ein durchgehend schwarzer Rücken beeinträchtigt das Idealbild der Plattenzeichnung, ist aber zulässig. Die Beine müssen rein weiß sein, schwarze Tupfen im Fell sind ein Fehler. Die Haut soll silberfarbig sein, die Augen so dunkel wie möglich, die Krallen schwarz oder hornfarbig, aber nicht weiß.

Will man mit einer schwarz-weiß gescheckten Hündin züchten, ist es empfehlenswert, einen mindestens 5jährigen Zuchtrüden zu verwenden, dessen Platten tiefschwarz sind. Einem eventuellen Grauwerden der Platten bei den Nachkommen im späteren Alter kann man damit entgegenwirken.

Die zweite Varietät des Mehrfarbenpudels trägt Farben und Abzeichen wie ein Dobermann, schwarz mit brandroten Abzeichen. Die Farbbezeichnung dafür ist „schwarz-loh" (im englischen Sprachgebrauch „black and tan"). Die Art der Zeichnung nennt man Markenfarbigkeit. Auch diese Varietät ist aus schwarzen Elterntieren entstanden, die verdeckt ein entsprechendes rezessives Farbgen trugen (nach Einkreuzung einer Fremdrasse?). Die ideale Farbverteilung soll sein: Schwarz ist vorherrschend und wird vom Loh in symmetrischer Zeichnung leicht fließend unterbrochen, und zwar vorzugsweise in den Augenbrauen, im Saum des Behangs, im Bart und an den Wangen, den beidseitigen Brustspiegeln, an allen Läufen und am After. Ein schwarzer Streifen an den Rückseiten oder schwarze Außenseiten der Läufe sind zulässig, aber nicht zu fördern. Das Farbverhältnis soll möglichst 80 % Schwarz zu 20 % Loh betragen. Auch dieser Farbschlag muß stets ausschließlich miteinander verpaart werden, um die Zeichnung zu erhalten. Die Idealgröße der Mehrfarbenpudel lag bisher zwischen 30 und 40 cm, ihr Gewicht betrug je nach Konstitutionstyp 4 bis 9 kg, wobei Hündinnen geringfügig leichter sind als Rüden. Die FCI erkennt Mehrfarbenpudel bisher nicht an, denn der Standard erlaubt nur die Zucht von einfarbigen Tieren. Trotzdem wurden seit Ende des Zweiten Weltkrieges in einigen Pudelklubs der Bundesrepublik Deutschland Harlekin- und Black-and-Tan-Pudel gezüchtet und in klubeigenen Zuchtbüchern unter Sonderregistrierung eingetragen. Sie hatten eine verhältnismäßig kleine, aber sehr begeisterte und treue Anhängerschaft. Die Zucht beschränkte sich auf Klein- und Zwergpudel. Seit

Ende der 80er Jahre nimmt die Beliebtheit der Mehrfarbenpudel zu, so daß die vier dem VDH angeschlossenen Pudelklubs im nationalen Bereich beschlossen, einen Antrag auf Zulassung mit dem Ziel einer späteren Anerkennung im FCI-Bereich für Groß- und Klein-, Zwerg- und Toypudel zu stellen. Die neuen anzuerkennenden Farbschläge sollen dann heißen: „gescheckt schwarzweiß" (statt Harlekin) und „schwarzlohfarben" (statt Black and Tan). Die größte Erfahrung in der Zucht der Mehrfarbenpudel und eine entsprechende Zuchtbasis besitzt der Allgemeine Deutsche Pudelclub e. V. (ADP). Ab Anfang der 60er Jahre werden dort diese Farbschläge gezüchtet und nach kurzer Pionierzeit seitdem ordnungsgemäß im Zuchtbuch geführt. Die Größenbegrenzung lag bei 30 bis 40 cm Schulterhöhe. Zu jener Zeit gehörte der ADP nicht der FCI, sondern der Union Canine International (UCI) in Brüssel als Dachorganisation an, die diese Farbschläge anerkannte. Mehrfar-

Alle vier Größen in den fünf Standardfarben. Auf der Bank von links nach rechts: Toyhündin, braun; Zwergpudelhündin, weiß; Kleinpudelhündin, schwarz; Zwergpudelrüde, silber; Zwergpudelrüde, schwarz. Vorne liegend Großpudelhündin, apricot, und Großpudelhündin, weiß.

benpudel in Deutschland können auf allen Ausstellungen nationale Titel erwerben. Eine Aufnahme dieser Pudel in den FCI-Standard ist sehr fraglich.

Rote Pudel. Bei der Farbe „Rot" des Pudelfells handelt es sich um eine intensive Färbung, vergleichbar mit der Farbe des Irish Setters. Nur ist es nicht glänzend wie das seidige Setterfell, sondern wirkt eher stumpf wegen seiner wollenen Haarqualität. Im englischen Sprachgebrauch wird dieser Farbschlag „red" genannt. Diese eigenständige Farbe muß klar zu erkennen sein, und zwar von Kopf bis Fuß, ohne irgendeine Schattierung. Das Pigment ist schwarz, und die Augen sind sehr dunkel. Rot muß mit Rot verpaart werden. Ein Einkreuzen von „Rot" in „Apricot" verstärkt nicht das Apricot, sondern in einem Wurf spalten sich die beiden Farben auf in rote und apricotfarbene Welpen. In US-Amerika ist die Farbe „red" bei allen Pudel-Varietäten beliebt und wird gern gezüchtet, sie ist von der FCI jedoch nicht anerkannt. In der Bundesrepublik Deutschland hat dieser Farbschlag inzwischen ebenfalls seine Liebhaber gefunden, folglich haben die vier Pudelklubs beschlossen, auch für „red" an den VDH einen Antrag auf Zulassung zu stellen, in der Hoffnung, eine spätere Anerkennung durch die FCI zu erreichen. Dieser Farbschlag soll dann die Bezeichnung „red" erhalten.

Allgemeine Eigenschaften

Sicher ist, daß der Pudel der Abstammung nach ein europäischer Hund und seinem Gebäude nach ein Jagdhund ist. In ihm vereinigen sich die liebenswürdigen Charaktereigenschaften eines stets fröhlichen Individualisten, ausgestattet mit einer erstaunlichen Merkfähigkeit. Er ist robust, ausdauernd, geduldig und langmütig. Seine Zuneigung gilt den Menschen. Zum Schutzhund ist er nicht geeignet. Einseitigkeit ist nicht sein Fall. Sein ausgeprägter Beschützerinstinkt läßt ihn jedoch Gefahrensituationen erkennen und entsprechend handeln. Als Apportierer ist er genial veranlagt. Seiner vortrefflichen Nase und den klugen Augen entgeht nichts. Die Wünsche seines Herrn erfüllt er gern und voller Freude, denn er ist gutmütig, weil er selbstsicher ist. Immer scheint er sich seiner Schönheit und Wirkung bewußt. Welche Art von Schur sein Meister ihm auch geben wird, er trägt jede mit Würde. Anderen Hunden gegenüber ist er freundlich, oft auch gleichgültig, so daß es heißt, er sei ein Snob. Ihm wird auch nachgesagt, er sei fremden Menschen gegenüber ängstlich. Beides trifft nicht zu. Er ist zurückhaltend, wenn ihm gerade danach ist, oder uninteressiert an einem Artgenossen, weil er zu der Zeit etwas anderes vorhat. Aber er ist auch zu innigen Hundefreundschaften fähig.

21

Pudel sind Meister im Nachahmen und Erfinden von Kunststücken. Sie nehmen Angewohnheiten an, die sie nie wieder aufgeben. Einen Pudel zu besitzen, bedeutet, einen vierbeinigen Allrounder zum Freund zu haben. Er kann alles, ohne zu übertreiben. Nie wird er müde, dem Menschen seinen Einfallreichtum, Frohsinn und seine Anhänglichkeit jeden Tag erneut zu beweisen. Bewundert wird die Schönheit seiner Erscheinung, die Eleganz und vollendete Anmut der Bewegungen.

Angenehm bei der Haltung eines Pudels, ganz gleich welcher Größe, ist die Tatsache, daß er nicht haart. Zwar wechselt er das Fell je nach Jahreszeit wie jeder andere Hund auch, aber das spiralförmig gedrehte abgestoßene einzelne Haar verfängt sich im Fell und wird durch tägliches oder mindestens einmal wöchentliches Bürsten und Kämmen entfernt. Die wenigen Haare, die trotzdem auf dem Teppich oder Teppichboden liegen, sind sehr einfach mit einer Bürste oder einem feuchten Schwamm aufzunehmen. Und noch einen Vorteil hat der Pudel: Er riecht nicht „nach Hund". Dies mag wohl an der Beschaffenheit der Haare und dem körpereigenen Lanolin, dem Haarfett, liegen, wie auch daran, daß er alle 4–6 Wochen beim Hundefriseur gebadet wird, die Voraussetzung für einen perfekt sitzenden Haarschnitt.

Zum Rassestandard

Die Begründer des Deutschen Pudel-Klubs e. V., Sitz München, legten den Standard des Pudels um die Jahrhundertwende für alle Mitglieder verbindlich fest. Er trug die Bezeichnung „Für den deutschen Pudel aufgestellte Rassekennzeichen". Diese galten für den „gewöhnlichen" Pudel, einen Hund etwa zwischen 50 und 60 cm Schulterhöhe. Der Zwergpudel gehörte nicht dazu. Er wurde innerhalb des Schoßhund-Klubs e. V., Sitz Berlin, gezüchtet, der, ebenfalls etwa um die Jahrhundertwende, einen Standard, nämlich eine getreue Verkleinerung des gewöhnlichen Pudels auf eine Höhe von 28 bis 30 cm, aufgestellt hatte.

Es war dies eine Zeit, in der allgemein das Interesse an einer Reinzucht der vorhandenen Hunderassen wuchs und Zusammenschlüsse von Liebhabern einer oder mehrerer Rassen zu der Gründung von Hundeklubs führten. Bald entstand auch der Wunsch nach einer Dachorganisation, die übernational die Rassehundezucht fördernden Länder miteinander verbinden und das gültige Zucht- und Ausstellungsreglement überwachen sollte. Es sollte verankert werden, daß ausschließlich dasjenige Land, in dem die betreffende Hunderasse beheimatet ist, die Rassekennzeichen (Standard) bindend festlegt. In den Jahren 1912 bis 1914 wurden Gründungsverhandlungen für die Konstituierung der „Fédération Cynologique Internationale" (FCI) geführt, die im April 1914 erfolgte.

Während der Gründungszeit wurden zunächst einmal alle bekannten Hunderassen katalogisiert und jeweils in etwa dem Ursprungsland zugeordnet. Zu dieser Zeit wurde der Pudel unter den französischen nationalen Rassen aufgeführt, weil die Verhandlungsteilnehmer – es war kein deutscher Kynologe unter ihnen – die Auffassung vertraten, er sei ein direkter Nachfahre des französischen „Barbet". Bereits bei der Gründung der FCI wurde Frankreich Mitgliedsland.

Die deutschen Rassehunde-Zuchtklubs waren durch das 1909 gegründete „Kartell der stammbuchführenden Spezialklubs für Jagd- und Nutzhunde" vertreten, und der Vorstand dieses Kartells hatte beschlossen, noch im Gründungsjahr der FCI dieser als Mitglied beizutreten. Der Ausbruch des 1. Weltkrieges verhinderte jedoch diese Absicht. Erst im Jahr 1934 wurde Deutschland Vollmitglied der FCI, mußte jedoch, dem damaligen Regierungssystem folgend, aus Devisengründen 1941 wieder austreten. Der Neueintritt erfolgte am 1. 1. 1951.

Internationale Standardvorschriften

Mlle. Madeleine Jeancourt-Galignani, langjährige Präsidentin des französischen Pudelklubs, förderte das Interesse für den Pudel.

Ermutigt durch den Klubvorstand des CACS (Club des Amateurs de Caniche de Strasbourg), bereitete sie 1932 die Vorlage eines „Standards für die Anerkennung durch die FCI-Vollversammlung" vor. Unter Benutzung der in anderen Ländern bereits bestehenden Standardvorschriften – neu ist das Vermessen des Körpers des Pudels, dargestellt in mehreren Graphiken – formulierte und beanspruchte sie den „Standard des Pudels" für Frankreich, der im Jahre 1936 ohne Einwände von den FCI-Mitgliedsländern, zu denen auch Deutschland gehörte, angenommen wurde. Damit hatte sie den Pudel zu einem Hund französischer Herkunft gemacht!

Mittlerweile sind verschiedene Änderungen und Zusätze erfolgt, jeweils durch Mehrheitsbeschluß in den FCI-Hauptversammlungen angenommen. Um die wichtigsten zu nennen: 1960 Aufnahme der modernen Schur, ab 1. 1. 1966 Anerkennung des Silberpudels und ab 1. 1. 1977 die des Apricotpudels. Ab 1. 1. 1987 Aufnahme des Toypudels als vierte Größe.

Hinsichtlich des Großpudels hat es viel Hin und Her gegeben. 1936 war eine Größe des Großpudels bis 60 cm festgelegt, denn, so hieß es, es gibt Exemplare dieser Größe. Dies war durchaus richtig. Sieben Jahre nach Ende des 2. Weltkrieges hatte auch der Hundesport stark zugenommen, und der Pudel war zu einem Statussymbol geworden. Es veranlaßte die vorerwähnte Präsidentin des französischen Pudelklubs, ihre Vorstellung, der Pudel sei ein Nachfahre des französischen „Barbet" und von Haus aus ein Hund von mittlerer Größe gewesen, in die FCI einzubringen, die bis dahin zulässige Größe „55–60 cm" zu streichen und durch eine Herabsetzung auf 55 cm zu ändern. Dies war nicht besonders schwer, denn wegen der allgemein beengten Wohnverhältnisse im kriegszerstörten Europa waren kleine und kleinste Pudel gefragt; daher hatte der große Pudel auch keine Lobby. So wurde unter Zustimmung der FCI-Mitgliedsländer die Maximalgröße des Großpudels ab 1. 1. 1952 auf 55 cm herabgesetzt.

Das hatte zur Folge, daß viele Großpudel-Züchter ihre Hündinnen mit Kleinpudel-Rüden verpaarten, wodurch die Nachkommenschaft

Ch. Jumbo-Jet v. Walddorf, ein weißer Großpudelrüde in Modeschur

zum großen Teil die typischen Proportionen verlor und mit langen Körpern auf kurzen Beinen stand, um nur einen dieser gravierenden Zuchtfehler zu nennen. Inzwischen ist es aber gelungen, die Größe in den Standardvorschriften auf 60 cm, mit Toleranz bis 62 cm heraufzusetzen. Bis dies erreicht war, ging unverzeihlicherweise mancher wertvolle Zuchthund wegen seiner sogenannten „Übergröße" von 1 bis 1 1/2 cm für eine Zuchtverwendung und Zuchtverbesserung verloren. Heute hat der Großpudel zum Glück eine

Lobby, was bedeutet, daß bei einem harmonisch gebauten Pudel auch eine sogenannte Übergröße nicht mehr beanstandet wird.

Nach dem Tod dieser großen französischen Kynologin, Züchterin von schwarzen Klein- und Zwergpudeln, hat der französische Pudelklub in den Standard eine Formulierung aufgenommen, die eine historische Fehlinterpretation darstellt.

Darin heißt es jetzt nämlich, der „Großpudel soll die vergrößerte Wiedergabe des Kleinpudels sein, mit den gleichen Merkmalen ausgestattet". Dieses ist, rundheraus gesagt, grotesk. Der Pudel war ein Gebrauchs- und Familienhund, also von kräftiger Statur und entsprechender Größe. Diese betrug etwa 50 bis 60 cm, doch kamen auch Pudel kleineren Schlages vor, die damals weniger beliebt und wertvoll waren. Aus den großen Pudeln kleinere zu züchten, war also leicht zu erreichen, nicht aber umgekehrt, wie es die Zuchtfehler aus den 50er Jahren zeigen.

An dieser Stelle sei vermerkt, daß die beiden Länder, die wegen ihrer hervorragenden Züchter und Zuchterfolge in der ganzen Welt berühmt sind, nämlich England und die USA, nicht den FCI-Standardvorschriften in der Pudelzucht gefolgt sind, sondern ihren eigenen Standard aufstellten. Ihre Zucht basiert auf dem Import edelster europäischer Pudel aus der Zeit um die Jahrhundertwende und den 20er Jahren – golden für die deutsche Pudelzucht –, die größengerecht weitergezüchtet wurden und daher das blieben, was sie waren.

Der Zwergpudel wurde von den Pudelklubs der einzelnen Länder erst sehr spät als eine zur Pudelrasse gehörende Varietät anerkannt. Vorher wurde er den Kleinhunderassen zugeordnet. Zum ersten Male in der Geschichte des Deutschen Pudel-Klubs e. V. werden in dem im Januar 1912 erschienenen Band III des Deutschen Pudel-Stammbuches (DPStB) zwei Zwergpudelzwinger aufgeführt, „Liliput" und „Perkeo". In den USA werden die „Toypudel" erst 1943 als Pudel-Spielart genannt und in England 1957. In der Erbmasse des Pudels z. Z. der Gründung des Deutschen Pudel-Klubs im Jahre 1896 gab es keine derartige Kleinwüchsigkeit, um Zwergpudel von 28 bis 30 cm Schulterhöhe zu züchten.

Noch heute ist die Zwerg- und Toypudel-Zucht eine schwere Aufgabe für den Züchter, und er muß seine Zuchttiere mit großer Sachkenntnis auswählen, um Erfolg zu haben und die Einflüsse durch Fremdrassen, durch die die Zwergwüchsigkeit ermöglicht wurde, zu verdrängen.

Beim Kleinpudel bestand nach dem 2. Weltkrieg lange Zeit die größte Zuchtbasis. Seine Beliebtheit war kometenhaft angestiegen durch die Bemühungen der deutschen Züchterin Flora Kalender, deren Zwinger „Sirius" (der „Hundsstern") planvoll gezüchtete Kleinpudel schon in den 20er Jahren hervorbrachte. Sie verstarb 93jährig Anfang der 60er Jahre und hinterließ dem Deutschen Pudel-Klub eine züchterische Arbeit von 50 Jahren.

Wie erwähnt, ist die Beliebtheit des Kleinpudels zugunsten von Großpudeln, vor allem aber von Zwerg- und Toypudeln deutlich zurückgegangen.

In der ehemaligen DDR gezüchtet: Lipsy v. Ulihof, Kleinpudel-hündin, silber, im Alter von 18 Monaten (DDR-ZB-Nr. 41371)

Pudelzucht in der ehemaligen DDR

Nach Beendigung des 2. Weltkrieges war die Zahl der Pudel in Deutschland sehr zurückgegangen, aber das Interesse an einer Weiterzucht ungebrochen. Ein Vereinsleben gab es jedoch nicht mehr, denn jede Art von Versammlungen oder Veranstaltungen war durch die Besatzungsmächte in allen vier Zonen – amerikanische, englische, französische und russische – untersagt. Erst nach und nach lockerten sich die Vorschriften, und „zonal" entstanden zunächst lokale Zusammenschlüsse von Pudelfreunden, klubartige Gebilde; es fielen aber auch Würfe ohne Eintragung in einen „Klub".

Nach der Konstituierung der Deutschen Demokratischen Republik (DDR) 1949 wurde auch das Hundewesen neu organisiert. Die aus einzelnen Ortsgruppen neu entstandenen „Sparten" schlossen sich zur „Spezialzuchtgemeinschaft (SZG) Deutsche Pudel" zusammen, deren Dachverband der „Verband der Kleingärtner, Siedler und Kleintierzüchter (VKSK)" war. Mit dem Deutschen Pudel-Klub e. V., Sitz

Drei einjährige Großpudel-Wurfgeschwister in leuchtendem Apricot aus dem Zwinger „D'Soleil". Von links: Hatric, Hestea und Hutch.

München, der als wiedereingetragener Verein seine Vereinsgeschäfte neu aufgenommen hatte, hatte die SZG Deutsche Pudel nach 1962 keine regulären Kontakte mehr.

Die SZG Deutsche Pudel gab 1955 das erste Zuchtbuch heraus, mit 2003 Eintragungen der 1946–1954 gezüchteten Pudel. Im Vorwort hieß es, „daß die regelmäßigen Zuchttauglichkeitsprüfungen, die neue Zuchtordnung und die Gleichschaltung der Mode- und der Standardschur die erforderliche Grundlage für eine saubere Pudelzucht bildeten". Die Rassekennzeichen des Pudels orientierten

sich hinsichtlich der Größe an dem bis 31. 12. 1951 gültigen FCI-Standard, wonach beim Großpudel ein Maß bis 60 cm zugelassen, bei Gleichwertigkeit eine Größe bis 55 cm jedoch vorzuziehen war.

Auch die Zulassung der Modeschur auf Ausstellungen setzte sich über die FCI-Standard-Bestimmungen hinweg, die diese erst ab 1960 als bindend mit aufnahmen. Rasch wurde der Pudel in der ehemaligen DDR zum beliebtesten Luxus- und Begleithund. Die Zahlen der gezüchteten Hunde, der Klubmitglieder und der auf den Schauen gezeigten Tiere schnellten in unglaubliche Höhe. Die Zucht litt unter der Schwierigkeit, vom VKSK Einfuhrgenehmigungen für Zuchttiere aus dem „Westen" zu bekommen oder die Zustimmung, einen „westlichen" Deckrüden für eine DDR-Hündin nehmen zu dürfen. Dennoch stiegen die Zahlen der gezüchteten und ausgestellten Pudel ständig. Die beliebteste Größe war der Kleinpudel, die beliebtesten Farben neben schwarz waren apricot und silber.

Die Hundeausstellung 1964 in Leipzig war die letzte in der DDR, die von westlichen Hunden und ihren Besitzern besucht werden durfte. Danach wurde die Grenze zur Bundesrepublik Deutschland für alle hundesportlichen Aktivitäten geschlossen. Die Züchter der DDR aber konnten ihre Hunde im sozialistischen Ausland ausstellen, wie in Polen, Rumänien, in der Tschechoslowakei und in Ungarn. Dort gab es auch vereinzelt Importpudel aus dem „Westen", die der Zucht in der DDR eine – wenn auch nur bescheidene – Blutauffrischung brachten.

Nach der Wende am 9. November 1989 und einer kurzen vereinsmäßigen „Interimszeit" schlossen sich die Mitglieder der früheren SZG Deutsche Pudel den verschiedenen, zum VDH und damit der FCI gehörenden Pudelklubs in den alten Bundesländern an, die die betreffenden Ahnentafeln vorbehaltlos anerkannten.

Der Standard

FCI Nr. 172 F Dezember 1991

Allgemeinerscheinung und Veranlagung
Kennzeichnende Rassemerkmale.
Der Pudel gehört zu den Nutzhunden. Er ist von harmonischem Typ und mittlerer Größe mit charakteristisch frisiertem, gelocktem oder zu Schnüren gedrehtem Fell. Er ist reaktionsstark, stets munter und lebhaft, harmonisch gebaut und macht einen eleganten, stolzen Eindruck.

Der Pudel hat eine tänzelnde, leichte Gangart, sie darf niemals fließend oder gestreckt sein. Er ist wegen seiner Treue geschätzt, lernfähig und gelehrig, was ihn zu einem besonders angenehmen Begleithund macht.

Kopf
Edel, gradlinig, zum Körper proportioniert. Seine Länge muß etwas mehr als 2/5 der Widerristhöhe betragen. Er darf nicht schwer und auch nicht übertrieben fein sein. Die Ziselierung des Schädels muß unter der Haut sichtbar sein.

Nase (Nasenspiegel). Betont und gut entwickelt mit senkrechter Profillinie; offene Nasenlöcher. Schwarzer Nasenspiegel bei schwarzen, weißen und silbernen Pudeln, braun bei braunen, bei den apricotfarbenen Pudeln braun in allen dunklen Nuancen, bis zum Schwarz gehend, wobei letztere Farbe nicht bevorzugt wird, aber gestattet ist, um einen möglichen Pigmentverlust zu vermeiden.

Fang. Oberes Profil gradlinig. Seine Länge soll etwas mehr als 9/10 des Schädeldaches betragen. Die beiden Unterkieferleisten verlaufen fast parallel.

Der Fang erscheint kräftig und edel, aber nicht spitz. Die Unterlinie des Fangs wird durch den Unterkieferknochen bestimmt und nicht durch den unteren Rand der oberen Lefze.

Lefzen. Wenig entwickelt, eher trocken, von mittlerer Dicke; die obere Lefze liegt auf der unteren auf, ohne überzuhängen. Sie sind schwarz bei schwarzen, weißen und silbernen Pudeln, pigmentiert bei den braunen, bei den apricotfarbenen Pudeln braun in allen dunklen Nuancen, bis hin zum Schwarz gehend, wobei letztere Farbe nicht bevorzugt wird, aber erlaubt ist.

Kiefer. Normal aufeinander passend, Zähne kräftig. Das Fehlen eines M2 oben oder eines M3 unten wird weder beim Richten noch bei der Zuchtauswahl bestraft.

Wangen. Wenig vorstehend, an den Knochen anliegend. Die unteren Augenbögen gemeißelt und nur schwach ausgefüllt. Die Kaumuskulatur, anatomische Basis der Wangen, nur wenig entwickelt, die Jochbeinbögen sehr wenig vorspringend.

Stop. Sehr wenig markiert, wie der eines mittellinigen Hundes.

Hirnschale. Gut geformt. Ihre Länge beträgt weniger als die Hälfte der Kopflänge (die Seitenlinie bildet mit der Längsachse einen Winkel von 16° bis 19°). Der gesamte Schädel, von oben gesehen, erscheint in seiner Längsrichtung oval und im seitlichen Profil leicht gewölbt. Seine Längsachsen gehen leicht auseinander.

Stirnbeinbögen. Mäßig betont, mit langen Haaren bedeckt.

Stirnfurche. Breit zwischen den Augen, schmaler und abflachend zum Hinterhauptstachel hin, der sehr betont ist (er darf bei den Zwergen weniger betont sein).

Augen. Von feurigem Ausdruck, in der Höhe des Stirnabsatzes eingesetzt, leicht schräg gestellt und mandelförmig. Schwarz oder tief dunkelbraun bei schwarzen, weißen, silbernen und apricotfarbenen Pudeln, die Augen der braunen Pudel können dunkel bernsteinfarbig sein.

Behang. Ziemlich lang, an den Wangen herunterhängend. Angesetzt auf der Verlängerung einer Linie, die, beginnend an der oberen Nasenkuppe, zum äußeren Augenwinkel verläuft. Sie sind flach, verbreitern sich kurz nach dem Ansatz und sind nach unten hin abgerundet. Sie sind von langem, welligem Haar bedeckt. Ein Pudel, dessen Behang nicht bis zum Mundwinkel reicht, kann keine Bewertung mit „Vorzüglich" erhalten.

Hals. Fest. Nackenlinie leicht gebogen, von mittlerer Länge, gut proportioniert. Der Kopf wird hoch und stolz getragen. Keine Wamme. Hals von ovalem Durchschnitt. Seine Länge ist geringer als die des Kopfes.

Vordere Gliedmaßen
Schultern und Oberarm. Mäßig entwickelter Widerrist. Schulter schräg, muskulös. Das Schulterblatt bildet mit dem Oberarmknochen einen Winkel von 90° bis 110°. Die Länge des Oberarmknochens entspricht der des Schulterblattes.

Unterarm. Vorderbeine vollkommen gerade und parallel gestellt, fein, gut bemuskelt, mit festen Knochen. Die Höhe vom Ellenbogen bis zum Boden beträgt 5/9 der Höhe des Widerristes zum Boden.

Vorderfußwurzel. Verlängert die Vorderlinie des Unterarmes.

Vordermittelfuß. Fest, aber nicht massig, von der Seite gesehen fast gerade.

Pfoten. Eher klein, geschlossen, ein kurzes Oval bildend. Die Zehen sind gut gewölbt, sehnig, kompakt, mit Schwimmhaut versehen und stehen

Zwergpudel-Junghund in der Farbe „Rot": Van Gogh vom Figaro

fest auf harten und dicken Ballen. Die Nägel sind schwarz bei den schwarzen und silbernen Pudeln, schwarz oder braun bei den braunen Pudeln. Bei den weißen Pudeln können die Nägel pigmentiert sein, in jeder Nuance der Hornfarbe bis hin zum Schwarz und sollen der Gesamtpigmentierung entsprechen. Weiße Nägel sind fehlerhaft. Bei den apricotfarbenen Pudeln sollen sie braun in allen dunklen Nuancen bis zum Schwarz gehend sein, wobei die letztere Farbe nicht vorgezogen, aber anerkannt wird.

Rumpf

Die Gesamterscheinung des Pudelkörpers ist von guten Proportionen, die Rumpflänge überschreitet im allgemeinen die Widerristhöhe.

Vorbrust. Normal, diejenige eines mittellinigen Hundes. Die Spitze des Sternums soll leicht vorspringen und ziemlich hoch sitzen, was eine höhere, leichtere und edlere Kopfhaltung bewirkt.

Brustkorb. Unten, in Höhe des Ellenbogens, beträgt die Breite genau 2/3 seiner Höhe (von der Wirbelsäule zum Brustbein). Der Brustumfang, hinter den Schultern gemessen, muß mindestens 10 cm größer sein als die Höhe des Widerristes.

Rippen. Rippenschiff oval, in der Rückenpartie breit.

Rücken. Von harmonischer Linie, kurz. Er darf weder gewölbt noch eingesattelt sein. Die Höhe vom Boden zum Widerrist ist fast die gleiche wie die Höhe vom Boden zur Kruppe.

Lenden (Nierenpartie). Fest und bemuskelt.

Bauch und Flanken. Aufgezogen, ohne windhundartig zu sein.

Kruppe. Abgerundet, aber nicht abfallend.

Rute. Ziemlich hoch angesetzt, in Höhe der Nierenlinie. Sie sollte um ein Drittel oder auf die Hälfte der natürlichen Länge gekürzt werden beim Wollpudel. Trotzdem ist eine lange, gut getragene Rute kein Fehler. Sie kann beim Schnürenpudel in der natürlichen Länge belassen werden. In der Bewegung wird die Rute schräg nach oben getragen.

Hintere Gliedmaßen

Schenkel. Gut bemuskelt und kräftig.

Läufe. Hinterläufe parallel gestellt. Von hinten gesehen gut entwickelte Muskulatur, gut sichtbar.

Die Einbiegungen beim Knie sind ausgeprägt. Die Winkel Hüfte/Schenkel, Schienbein/Schenkel und Schienbein/Sprunggelenk müssen sehr ausgeprägt sein, um eine unerwünschte steile Hinterhand und eine abfallende Kruppe zu vermeiden.

Sprunggelenk und Hintermittelfuß. Senkrecht. Dem Pudel dürfen keine Wolfskrallen angeboren sein.

Pfoten. Siehe Vorderpfoten.

Haarkleid

Farbe. Beim Woll- und Schnürenpudel: Schwarz, Weiß, Braun, Silber und Apricot.

A Die Farbe der Braunen muß eindeutig braun sein, recht dunkel, einheitlich und warm. Die verschiedenen Farbabstufungen der braunen Farbe dürfen nicht ins Beige oder dessen hellere Nuancen hineingehen. Sie darf aber auch nicht zu dunkel und zum Schwarz tendierend sein: also nicht schwärzlich oder bläulich wirken.

B Das Silber muß einheitlich sein. Die Schattierungen der Silberfarbe dürfen nie zum Schwarz und nie zum Weiß tendieren.

C Das Apricot muß von einheitlicher Färbung sein, ohne ins Beige oder Creme zu tendieren, noch zur Farbe Rot (red) oder Kastanienbraun oder gar ins Braun oder dessen Schattierungen.

Standard-Schuren

Löwenschur, Alte Schur (Abb. S. 34 oben). Der Pudel, ob Woll- oder Schnürenpudel, wird auf der Hinterhand bis zu den Rippen geschoren. Es werden ferner ausgeschoren: der Fang, und zwar die untere und obere Partie, beginnend bei der unteren Lidspalte; die Wangen; die vorderen und hinteren Läufe – mit Ausnahme von Manschetten oder Ringen und fakultativen Motiven auf der Hinterhand; die Rute, unter Belassung eines Pompons am Rutenende in runder oder ovaler Form.

Das Tragen eines Schnurrbartes ist für alle Tiere vorgeschrieben. Das Belassen der Behaarung an den Vorderläufen, sogenannte Hosen, ist gestattet.

Mode- oder Neue Schur (Abb. S. 35 oben). Diese Schurart, bei der das Haar an allen vier Gliedmaßen belassen wird, ist unter der Voraussetzung der Einhaltung folgender Richtlinien erlaubt:

I. Es werden ausgeschoren:

a. der untere Teil der vorderen Gliedmaßen, und zwar von den Krallen bis zur Höhe der ersten Zehe sowie der untere Teil der hinteren Gliedmaßen bis auf die gleiche Höhe wie vorne. Es ist erlaubt, nur die Zehen mit der Schermaschine auszuscheren.

b. Der Kopf und die Rute gemäß den Vorschriften der „Löwenschur". Bei dieser Schur wird ausnahmsweise ein höchstens 1 cm langer Kinnbart am Unterkiefer, der parallel mit der unteren Fanglinie verlaufen muß, gestattet (der sogenannte Bocksbart wird nicht toleriert) und das Weglassen des Rutenpompons (dieses Fehlen beeinträchtigt ein wenig den Bewertungsfaktor für „Haartextur").

II. Gekürzt werden die Haare: auf dem Rücken, um ein Vlies von mindestens 1 cm Höhe zu bilden. Die Länge der Haare soll um die Rippen herum und im Übergang zu den

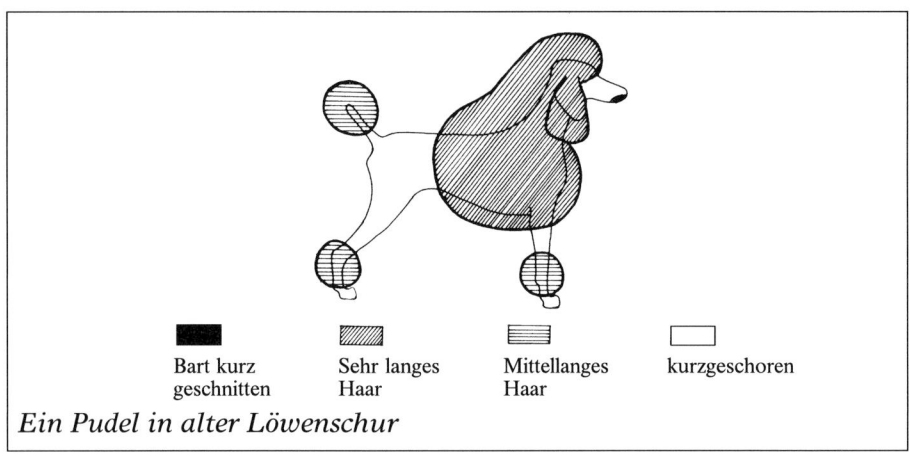

Bart kurz geschnitten | Sehr langes Haar | Mittellanges Haar | kurzgeschoren

Ein Pudel in alter Löwenschur

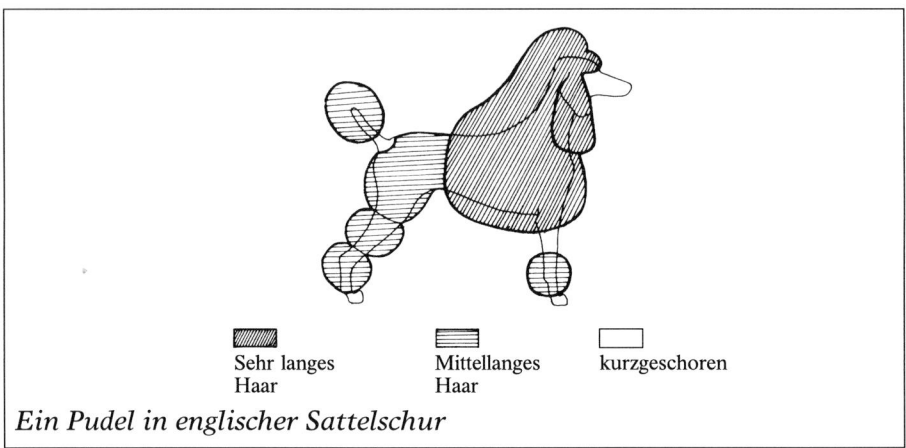

Sehr langes Haar | Mittellanges Haar | kurzgeschoren

Ein Pudel in englischer Sattelschur

Gliedmaßen fortschreitend zunehmen.

III. Auszugleichen sind die Haare: **a.** auf dem Kopf, wo eine Haube von angemessener Höhe zu belassen ist.

Desgleichen werden die Haare zum Widerrist hin absteigend gestutzt und sollen vorne, ohne den Verlauf der Linie zu den ausgeschorenen Partien der Füße zu unterbrechen, eine leicht konische Linie nach unten hin ergeben. Vom Ohrenansatz bis höchstens zu 1/3 der Länge des Ohrleders kann das Haar mit der Schere oder der Schermaschine mit dem Strich gekürzt werden.

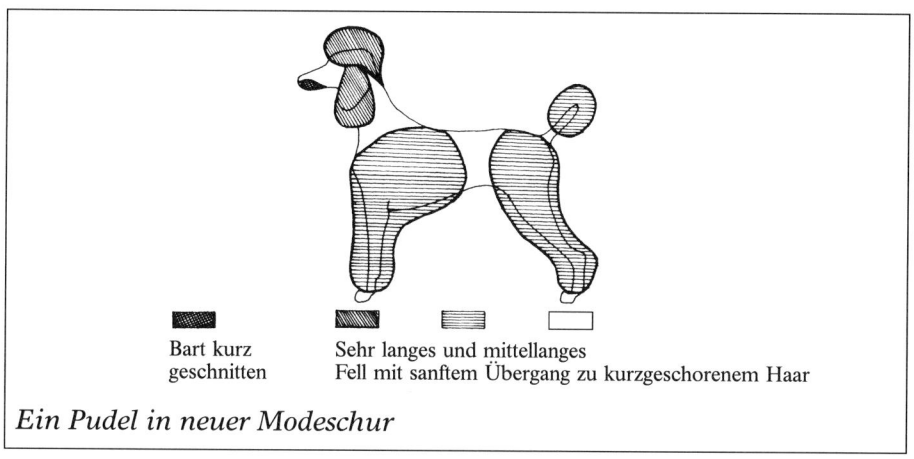

Bart kurz
geschnitten

Sehr langes und mittellanges
Fell mit sanftem Übergang zu kurzgeschorenem Haar

Ein Pudel in neuer Modeschur

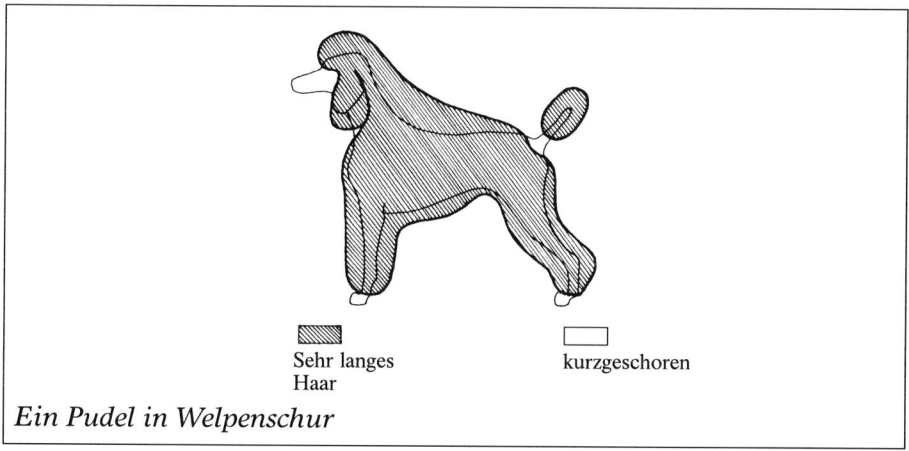

Sehr langes
Haar

kurzgeschoren

Ein Pudel in Welpenschur

Der untere Teil des Ohrleders muß von Haaren bedeckt bleiben, die fortschreitend länger werden und Fransen bilden. Diese können am unteren Rand in ihrer Länge ausgeglichen werden.

b. An den Gliedmaßen in Form von Hosen, die einen ansprechenden Übergang zu den ausgeschorenen Pfoten hin bilden. Die Länge des gestutzten Haares nimmt nach oben hin zu, bis zu einer Länge von 5 bis 7 cm an den Schultern und Schenkeln, je nach Größe des Tieres. Ein plumpes Aussehen ist zu vermeiden. Die „Hosen" der Hinterhand müssen durch

35

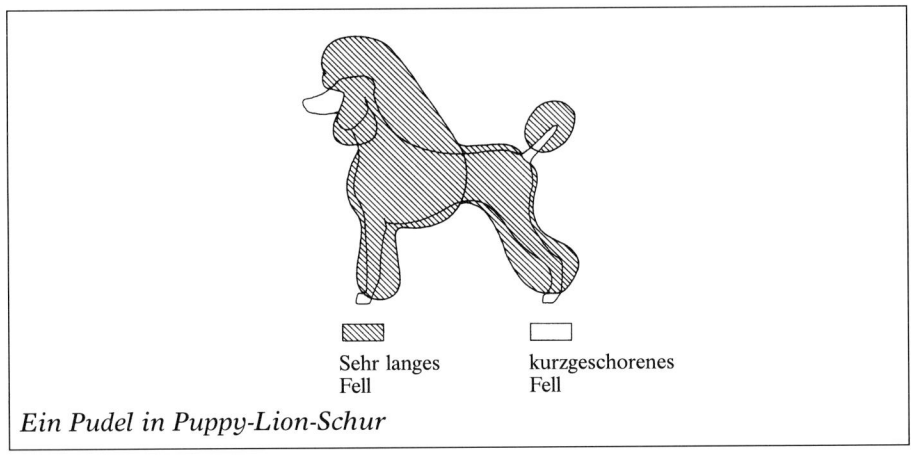

Sehr langes Fell   kurzgeschorenes Fell

Ein Pudel in Puppy-Lion-Schur

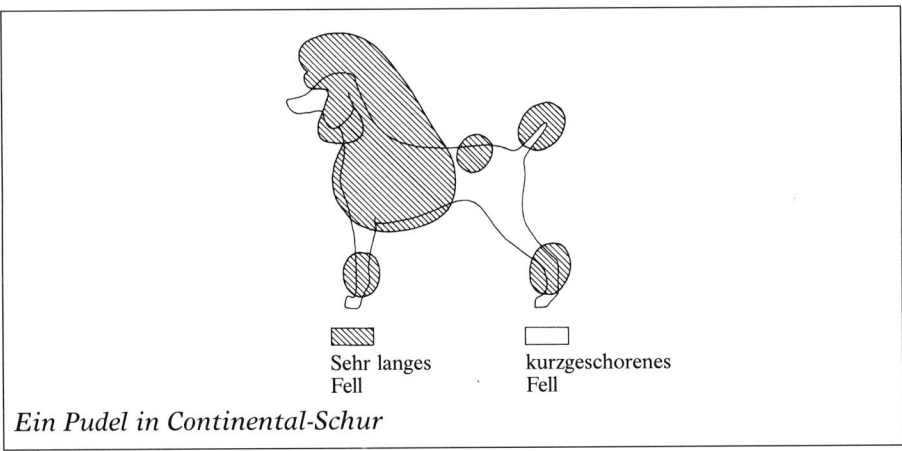

Sehr langes Fell   kurzgeschorenes Fell

Ein Pudel in Continental-Schur

den entsprechenden Schnitt die Winkelung gut erkennen lassen. Jede Art von Phantasie-Schur führt zur Disqualifikation. Die Schur gemäß dem Standard, gleich welcher Art, beeinflußt in keiner Weise eine Beurteilung auf Ausstellungen, und alle Hunde einer Klasse sind zusammen zu richten.

Englische Sattelschur. Bei dieser Schur werden in Ergänzung der Löwenschur Motive, z. B. Ringe oder Manschetten, an den Hinterläufen oder auf den Lenden modelliert und

36

auf dem Kopf ein Haarschopf belassen, der sog. „Top-Knot", der aber nicht Pflicht ist. Für diese Schurart ist kein Schnurrbart vorgeschrieben.

Haar. Wollpudel. Üppiges Haar von feiner Textur, wollig, gut gekräuselt, elastisch und dem Druck der Hand gut widerstehend. Es muß dick und üppig sein, von gleichmäßiger Länge, gleichmäßige Locken bildend und vollkommen ausgekämmt sein. Hartes Haar, das sich wie Roßhaar anfühlt, ist unerwünscht und wird demjenigen nachgestellt, das die vorgeschriebene Textur hat.

Schnürenpudel. Üppiges Haar von feiner Textur, wollig, zusammengedreht, charakteristische Schnüre von gleichmäßiger Länge bildend. Diese Schnüre müssen mindestens 20 cm lang sein. Je länger sie sind, desto mehr werden sie geschätzt. Die Schnüre von jeder Seite des Kopfes können oberhalb der Ohren mit einem Band zusammengenommen und die des Rumpfes gescheitelt werden, um einen unordentlichen Eindruck zu vermeiden.

Haut. Geschmeidig, nicht lose, pigmentiert. Die schwarzen, braunen, silbernen und apricotfarbenen Pudel müssen eine Pigmentierung in Übereinstimmung mit ihrer Fellfarbe aufweisen; bei den weißen ist Silberhäutigkeit erwünscht, doch darf die Pigmentierung die Farbe des Haarkleides nicht entstellen.

Es gibt auch weiße Pudel, deren helle Haut gefleckt ist, und zwar nicht nur auf der Innenseite des Körpers, was häufig vorkommt, sondern auch auf den restlichen Körperpartien, was aber keinen Fehler darstellt. Die Pigmentierung ist am intensivsten ausgebildet beim Lidrand, Nasenspiegel, Lefzen, Zahnfleisch, Gaumen, Schleimhaut, Körperöffnungen, Hodensack, Ballen.

Diese Partien müssen schwarz sein bei schwarzen, weißen und silbernen Pudeln; dunkelbraun bei braunen Pudeln; bei den apricotfarbenen Pudeln sollen sie ebenfalls einheitlich und so dunkel wie möglich sein, und zwar in allen Braunschattierungen bis hin zum Schwarz, ohne daß letztere Farbe bevorzugt wird. Sie wird gestattet, um einen eventuellen Pigmentschwund zu verhindern.

Größe*

1. Großpudel über 45 bis 60 cm mit einer Toleranz von 2 cm. Der Großpudel soll die vergrößerte Wiedergabe des Kleinpudels sein, aus diesem entwickelt und mit den gleichen Merkmalen ausgestattet.

2. Kleinpudel über 35 bis 45 cm.

3. Zwergpudel über 28 bis 35 cm. Der Zwergpudel soll in seiner Ge-

---

* Anmerkung der Autorin: Die Größe eines Hundes wird gemessen vom Widerrist – das ist der Punkt, wo der Hals in den Rücken übergeht – bis zum Boden.

37

samterscheinung die verkleinerte Wiedergabe des Kleinpudels darstellen ohne Anzeichen von Nanismus.

4. **Toypudel** unter 28 cm (erwünschter Idealtyp 26 cm). Er stellt in seinem Gesamtbild das Aussehen eines Zwergpudels dar, mit den gleichen Proportionen der Standardbedingungen. Alle Merkmale einer Verzwergung sind ausgeschlossen, nur das Hinterhauptbein ist weniger betont.

Gang (siehe „Allgemeinerscheinung")

Fehler

Anatomische und Typ-Fehler. Zu kurzer oder spitzer Fang. Ramsnase. Zu kleiner Nasenspiegel mit zu wenig geöffneten Nasenlöchern oder zu großer Nasenspiegel. Fehlender oder zu stark ausgebildeter Stop. Zu große oder zu kleine Augen. Augen, die nicht dunkel genug sind oder einen roten Schimmer haben. Zu kurze Behänge, zu schmale oder gefaltet getragene. Zurückstehender Unterkiefer ist ein Fehler, der entsprechend dem Schweregrad der Fehlentwicklung geahndet werden muß. Gelbe Zähne als Folge einer Staupe-Erkrankung sind kein Fehler, wenn sie korrekt stehen. Unkorrekt stehende oder fehlende Zähne stellen einen Fehler entsprechend dem Schweregrad der Unregelmäßigkeit dar: Vorhanden sein müssen alle Schneidezähne, Fangzähne und hinteren Backenzähne (Molaren); das Fehlen von 1 Prä-

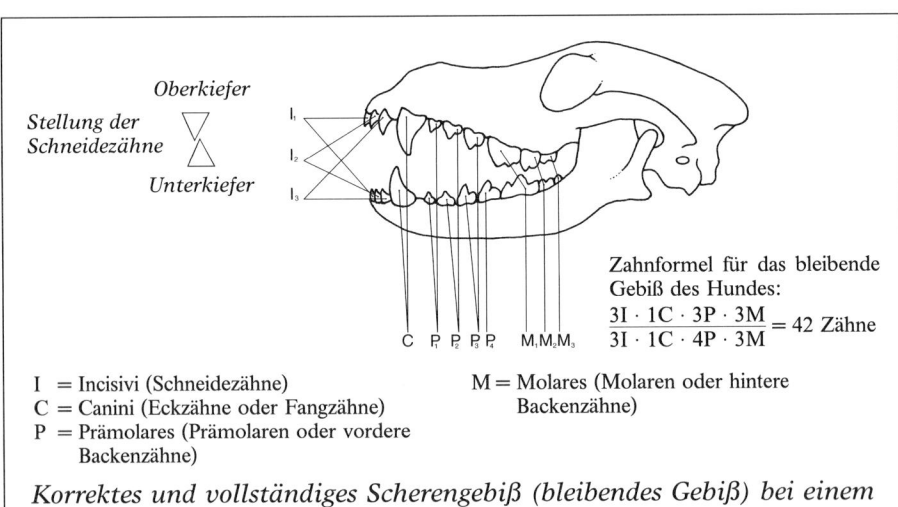

Stellung der Schneidezähne
Oberkiefer
Unterkiefer

Zahnformel für das bleibende Gebiß des Hundes:
$$\frac{3I \cdot 1C \cdot 3P \cdot 3M}{3I \cdot 1C \cdot 4P \cdot 3M} = 42 \text{ Zähne}$$

I = Incisivi (Schneidezähne)
C = Canini (Eckzähne oder Fangzähne)
P = Prämolares (Prämolaren oder vordere Backenzähne)

M = Molares (Molaren oder hintere Backenzähne)

Korrektes und vollständiges Scherengebiß (bleibendes Gebiß) bei einem erwachsenen Pudel. Das Milchgebiß hat 28 Zähne

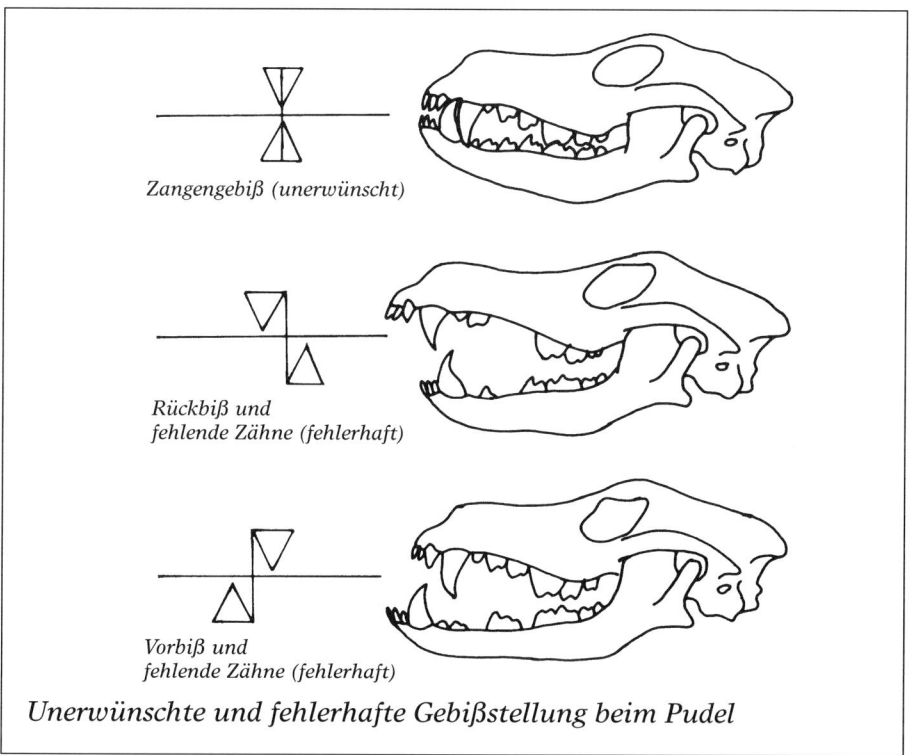

Zangengebiß (unerwünscht)

Rückbiß und
fehlende Zähne (fehlerhaft)

Vorbiß und
fehlende Zähne (fehlerhaft)

Unerwünschte und fehlerhafte Gebißstellung beim Pudel

molar (1 P1) hat keine Ahndung zur Folge; das Fehlen von 2 Prämolaren (2 P1) ergibt die Bewertung: „vorzüglich"; das Fehlen von 3 Prämolaren (3 P1 oder 2 P1 und 1 P2) ergibt die Bewertung „sehr gut". Abfallende Kruppe. Zu gerade gestellte Hinterbeine. Zu hoch gestellter Hund. Über den Rücken gelegte, zu dünne oder zu tief angesetzte Rute. Fließendes oder ausgreifendes Gangwerk. Farbloser oder gefleckter Nasenschwamm oder grindiger. Ungenü-

gende Gesamtpigmentierung. Fehlendes Lidrandpigment. „Brille" oder Haarlosigkeit um die Augen herum. Helldurchsticheltes oder dünnes Fell. Unbestimmbare oder nicht einheitliche Farbe; einige weiße Haare auf der Brust werden toleriert. Bösartige, aggressive oder nervöse Tiere. Solche Pudel, die Anzeichen von Nanismus aufweisen, können nicht mit der Wertnote „vorzüglich" bewertet werden. Die hervorstechendsten Merkmale von Nanismus sind: runder

Schädel, fehlender Hinterhauptstachel, betonter Stop, vorstehende Augen. Spitzer, zu kurzer oder geschürter Fang. Fliehender Unterkiefer, fehlendes Kinn.

Disqualifizierende Fehler. Weiße Flecke. Weiße Haare an den Pfoten. Tiere, deren Fell nicht einfarbig ist, Monorchiden, Kryptorchiden, Stummelrute, Wolfskrallen oder Spuren davon an den Hinterläufen. Vorbiß. Das Fehlen von einem Schneidezahn. Vermischung von Typ und Ausdruck im Kopf. Tiere, die 62 cm überschreiten.

Tiere, die nicht den Standardvorschriften entsprechend geschoren sind, können (solange sie derart frisiert sind) bei Ausstellungen oder offiziellen Veranstaltungen bewertet werden, jedoch nicht um offizielle Titel oder Anwartschaften (CAC/ CACIB) konkurrieren. Von einer Zuchtverwendung sind sie jedoch nicht ausgeschlossen.

Anmerkung. Rüden müssen zwei gut sichtbare, normal entwickelte Hoden aufweisen, die sich vollständig im Skrotum befinden.

Kluborganisation

Wie schon erwähnt, wurde der „Pudelklub" im Jahre 1896 in München gegründet. Im Jahre 1902 erfolgte die Umbenennung in „Deutscher Pudelklub", eine Bezeichnung, die er bis

heute trägt und die 1904 in das Vereinsregister des Kgl. Amtsgerichtes München I eingetragen wurde. In den 100 Jahren, die bisher vergangen sind, hatte die Organisation aller Hundeklubs eine wechselvolle Geschichte, immer aber gehörten die Klubs der einzelnen Rassen einer Dachorganisation an, wenngleich diese aus politischen Gründen die verschiedensten Bezeichnungen trug.

Heute ist dies der „Verband für das Deutsche Hundewesen e. V." (VDH), Sitz Dortmund, der seinerseits mit den ihm angeschlossenen Rassehunde-Zuchtverbänden als Vollmitglied der Internationalen Weltdachorganisation, der „Fédération Cynologique Internationale" (FCI) mit Sitz in Thuin/Belgien angehört.

Die FCI hat derzeit 42 Vollmitgliedsländer. Außerdem besteht zwischen der FCI und 27 weiteren Ländern eine Vereinbarung auf gegenseitige Anerkennung der Ahnentafeln und Ausstellungstitel der gezüchteten Rassehunde. Zur 3. Kategorie, das sind Länder, die einen Partnerschaftsvertrag mit der FCI haben, gehören seit 1996 Lettland und die Russische Föderation.

Die Aufnahme von weiteren Rassehunde-Zuchtverbänden in den VDH unterliegt strengen Voraussetzungen und wird bei Erfüllung derselben zur Abstimmung der Vollversammlung vorgelegt. Zur Zeit ge-

Schwarze Großpudel-
hündinnen Orphea
von Uetz (links) und
Aloa von Sylmaros

hören dem VDH vier verschiedene Pudel-Zuchtverbände an:
– der „Deutsche Pudel-Klub e. V." (DPK), als sog. „Altverein",
– der „Verband der Pudelfreunde Deutschland e. V." (VDP) seit 1969
– der „Pudel-Zucht-Verband 82 e. V." (PZV) seit 1986,
– der „Allgemeine Deutsche Pudelclub e. V." (ADP) seit 1987.

Die Ahnentafeln der in den vorgenannten vier Pudelklubs gezüchteten Pudel tragen alle eingedruckt die Bezeichnungen VDH-FCI und dazu den Namen des betreffenden Pudelklubs. Dies ist ein Gütezeichen und sagt aus, daß der Züchter eines solchen Pudels strengen Zuchtrichtlinien und Zuchtüberwachung unterliegt.

Der Pudelkauf

Voraussetzungen

Nicht immer wird beim Hundekauf daran gedacht, welche langdauernde Lebensgemeinschaft aus dieser Anschaffung erwächst. Im Durchschnitt begleitet uns der Hund etwa 10 bis 12 Jahre. Es kann dabei nicht ausbleiben, daß während dieser Zeit auch Ereignisse eintreten – zum Beispiel eine Erkrankung des Hundes –, die für seinen Besitzer belastend und mit Verzichten und nicht zuletzt auch mit Geldausgaben verbunden sind. Fühlt man sich dem gewachsen?

Ist überschaubar, daß dem Hund der Platz in der Familie für die Zeit seines Lebens erhalten bleibt? Entspricht der Pudel in seinem Wesen und im Äußeren den Vorstellungen, die man sich von seinem zukünftigen Hund macht?

Ist daran gedacht worden, daß das Pudelfell täglicher Pflege bedarf? Und daß mindestens alle sechs Wochen der Pudelfriseur aufgesucht werden muß?

Was geschieht mit dem Pudel während des Urlaubs? Kann er mitgenommen werden? Oder nimmt der Züchter das Tier solange in seine Obhut? Oder tun dies Verwandte oder Freunde? Die Unterbringung in einer Hundepension bekommt keinem Hund besonders gut. Er leidet unter Heimweh.

11 silberne Großpudelwelpen, 8 Wochen alt, aus einem Wurf (Zwinger „vom Hammer Silberberg")

Diese Voraussetzungen für ein Wohlergehen des Pudels müssen zunächst genau überdacht werden. In diese Überlegungen sollte auch mit einbezogen werden, ob die jährliche Hundesteuer, die Versicherung und die Kosten für den Pudelfriseur nicht den Betrag übersteigen, den man sich dafür gesetzt hat. Ist die Familie sich einig geworden, frohen Herzens die Verpflichtungen zu übernehmen, die mit der Anschaffung eines Pudels verbunden sind, erfolgt der nächste – vorbereitende – Schritt.

Genehmigung der Hundehaltung durch den Vermieter

Vor jedem Hundekauf sollte grundsätzlich geklärt werden, ob der Vermieter die Haltung eines Hundes gestattet. Eine schriftliche Genehmigung als Anhang zum Mietvertrag stellt den Idealfall dar, doch dieser ist selten.

Eine einmal erteilte Genehmigung zur Hundehaltung – darüber sind alle Gerichte der gleichen Auffassung – darf nicht willkürlich, das heißt ohne triftigen Grund, widerrufen werden. Ebenso können gemeinnützige Wohnungsunternehmen die Hundehaltung nicht generell verbieten. Es muß allerdings auch hier eine Erlaubnis eingeholt werden, die jedoch nicht ohne Grund abgelehnt werden kann.

Rüde oder Hündin?

Wenn man die Absicht hat, einen Pudel zu erwerben, ist zu entscheiden: Was soll es sein, ein Rüde oder eine Hündin? Der Rüde, so wird gesagt, sei nicht so anhänglich wie die Hündin, die Hündin dafür durch die Laufzeit problematisch. In beiden Verallgemeinerungen ist ein Körnchen Wahrheit enthalten. Aber eben auch nur ein Körnchen!

Bei allen Haushunden ist das männliche Tier ein wenig größer, stärker und selbstbewußter als die Hündin. So soll es auch sein. Daraus hat sich die Meinung gebildet, der Rüde sei weniger anhänglich. Bei den Pudeln sind diese aber genauso lieb und leicht erziehbar wie die Hündinnen. Ihre Hütehundeigenschaften und die besonders ausgeprägte Bezogenheit auf den Menschen ermöglichen dies. Wird ein Pudel allerdings sich selbst überlassen, so kann er zum Stromer, ja sogar zum Wilderer werden.

Derartige Unarten sind aber nur auf das Verschulden seines Besitzers zurückzuführen, der seinen Pudel vernachlässigt hat. Besonders im Frühjahr und im Herbst wird ein Rüde vielleicht sein Verhalten ändern, denn in dieser Zeit sind die meisten Hündinnen läufig. Es kann dann sein, daß er unruhig wird, schlecht frißt und dauernd nach draußen möchte, um vor dem Haus einer heißen Hündin auf ihr Erscheinen zu warten.

Die Hündin dagegen ist alle sechs Monate läufig. Die Läufigkeit dauert 21 Tage. In dieser Zeit ist sie ausschließlich an der Leine zu führen, damit keine ungewollte Paarung erfolgt. In der Wohnung gibt es kaum eine Belästigung, denn eine gesunde Hündin hält sich selber sehr sauber. Man kann ihr überdies ein im Fachhandel erhältliches „Hygienehöschen" anziehen. Dabei muß jedoch beachtet werden, daß die Hündin sich trotzdem putzen kann. Ihr instinkthaftes Sauberkeitsbedürfnis darf nicht zu sehr eingeengt werden.

Die Läufigkeit der Hündin

Die erste Läufigkeit der Hündin setzt im allgemeinen im Alter von etwa 6 bis 12 Monaten ein und wiederholt sich dann alle sechs Monate. Dies wird meist im Frühjahr und Herbst sein. Die Dauer der „Hitze" beträgt drei Wochen. Während dieser Zeit ist die Hündin, wie schon gesagt, nur an der Leine zu führen und sehr sorgfältig zu überwachen. Zwischen dem 10. und 12. Tag ist die Empfängnisfähigkeit auf dem Höhepunkt. An diesen Tagen muß ganz besonders gut aufgepaßt werden. Dann nämlich verstärkt sich auch bei der Hündin der Drang, zu einem Rüden zu gelangen.

Gegen die Belästigung durch Rüden gibt es Tabletten und Sprays. Sie neutralisieren den Geruch. Doch beginnt die interessante Zeit, also ab dem 10. Tag, ist mit diesen Mitteln nichts mehr auszurichten! Trotzdem

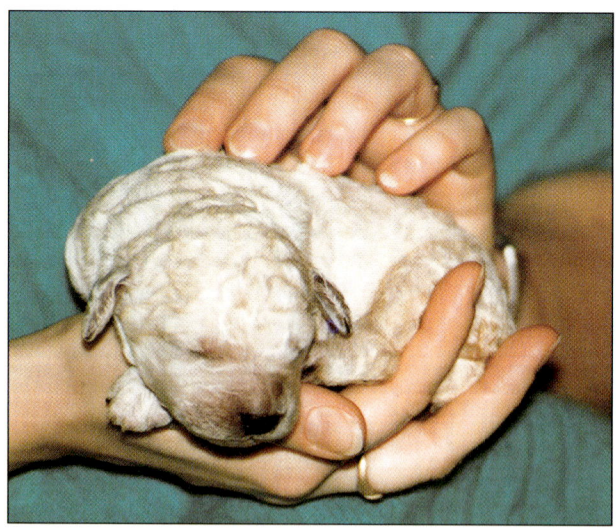

Zwei Wochen alter weißer Großpudelwelpe aus dem Zwinger „Rayon d'Soleil"

sollte man sie anwenden, um den in der Nähe wohnenden Rüden wenigstens einige Tage Kummer zu ersparen. Um zu vermeiden, daß die Rüden der Schweißspur der Hündin folgen (so nennt man bei der Hündin die Blutung) und sich wartend vor der Haustür aufbauen, ist dies eine gute Hilfe: Geht man mit der angeleinten (!) Hündin aus, trägt man sie aus dem Haus und noch ein Stück die Straße entlang. Bei der Rückkehr trägt man die Hündin das letzte Stück und bis in die Wohnung.

Die erste Läufigkeit dauert oft länger als 21 Tage. Man kann auch beobachten, daß die Hündin in dieser Zeit ein etwas verändertes Verhalten zeigt. Es ist empfehlenswert, einen „Läufigkeitskalender" zu führen, um diese wichtigen Daten für die Gesundheitskontrolle der Hündin immer bei der Hand zu haben. 60 bis 65 Tage nach dem Anfang der Läufigkeit kann eine Gebärmutterentzündung auftreten. Es wäre dies die Zeit, an der die Hündin werfen würde, wäre sie gedeckt worden. Die Gebärmutterentzündung zeigt sich in vielen verschiedenen Formen. Das klassische Bild ist eitriger Ausfluß aus der Scheide, stark vermehrter Durst, erhöhte Temperatur (die normale Körpertemperatur des Hundes liegt ein Grad höher als die des Menschen: ab 38,2° bis 38,7° erhöhte Temperatur, ab 39° Fieber. Gemessen wird im After, das Thermometer wird vor

dem Einführen leicht mit Vaseline gleitfähig gemacht und der Hund beim Messen gut festgehalten). Stellt man bei der Hündin derartige Anzeichen fest, dann muß mit ihr *unverzüglich* der Tierarzt aufgesucht werden, der die Hündin entsprechend ihrer Krankheit ärztlich versorgt. Bei einer älteren Hündin sollte man zudem bei jeder Läufigkeit die Dauer des Schweißens genau beobachten, eine zu lange Dauer kann ebenfalls auf eine Gebärmutterentzündung hinweisen, eventuell auf eine hormonelle Störung.

Auch eine Scheinträchtigkeit kann bei einer Hündin 60–65 Tage nach Beginn der Läufigkeit auftreten. Ist das der Fall, hat sie vergrößerte Milchleisten, gräbt Höhlen für den Wurfplatz und „bemuttert" Gegenstände oder Spielsachen, als wären es ihre Welpen. In diesem Fall hilft Ablenkung am besten. Die Spielsachen werden fortgenommen, die Futterration gekürzt und die Hündin mehr als gewöhnlich spazierengeführt. Sind die Beschwerden sehr stark, kann der Tierarzt helfen. Bei einer kastrierten Hündin tritt keine Scheinträchtigkeit mehr auf, ebenso keine Gebärmutterentzündung und keine Bildung von Gesäugetumoren. Durch Hormongaben kann die Läufigkeit der Hündin unterbunden werden.

Aus eigener Erfahrung empfehle ich, sowohl eine Hündin als auch einen Rüden – wenn mit den Tieren

Zwergpudelhündin, silber, Josy vom Hammer Silberberg mit ihren Welpen. Silber-pudel werden schwarz geboren

nicht gezüchtet werden soll – kastrieren zu lassen. Diese Eingriffe sind für den Tierarzt Routineoperationen und für das Tier schnell überwunden. Sie erhöhen die Lebensfreude für Hund und Besitzer, weil bei der Hündin keine lästige Läufigkeit mehr auftritt und der Rüde den Drang nach heißen Hündinnen los ist. War er gegen andere Rüden aggressiv, so wird sich auch dies nach der Kastration legen, trotzdem behalten Rüde und Hündin ein gewisses Sexualgepräge.

Bei der Hündin werden bei der Kastration Eierstöcke und Gebärmutter entfernt, beim Rüden die Hoden aus dem Hodensack. Das Wesen eines kastrierten Rüden oder einer kastrierten Hündin verändert sich durch den Eingriff nicht, nur der Trieb wird gebremst. Wichtig ist jedoch, daß die Kastration nicht zu früh erfolgt, damit gesichert ist, daß der betreffende Pudel psychisch und körperlich ausgereift ist.

Bei einer Hündin sollte der Eingriff frühestens nach der zweiten Läufigkeit vorgenommen werden, beim Rüden nicht vor Ablauf seines zweiten Lebensjahres. Zu beachten ist, daß einige kastrierte Hunde zum Dickwerden neigen, weil sie mehr Appetit haben. Doch das kann man bequem durch die entsprechende Futterzuteilung oder vermehrte Bewegung steuern.

Wo kauft man einen Pudel?

Diese Frage ist sehr einfach beantwortet: Man kauft ihn nur dort, wo dem Käufer die Mutter des Welpen gezeigt werden kann. Bei einem Züchter ist dies immer der Fall. Ein Züchter ist derjenige, der aus Liebhaberei und Idealismus seine Freizeit in den Dienst einer bestimmten Hunderasse stellt. Er ist immer Mitglied eines Rassehunde-Zuchtvereins. Damit untersteht er den wohldurchdachten Zuchtvorschriften und der Kontrolle auf Einhaltung derselben und sorgfältiger Haltung seiner Tiere. „Personen, die den Handel mit Hunden gewerbsmäßig betreiben oder vermitteln (Hundehändler), die mit ihnen in häuslicher Gemeinschaft lebenden Personen und die Angestellten von Hundehändlern" (so steht es unter anderem in der Satzung des DPK) sind von einer Klubmitgliedschaft ausgeschlossen.

Ein Züchter handelt also nicht mit Hunden, er züchtet und verkauft Rassehunde, um für die Verbreitung der Rasse, der er sich verschrieben hat, zu sorgen. Er will anderen Hundeliebhabern, die dieselbe Rasse bevorzugen wie er, die Möglichkeit geben, einen gesunden, schönen Pudel zu erwerben. Um dieses Ziel zu erreichen, ist der Züchter auch darauf bedacht, durch eine sinnvolle Paarung seiner Hündin mit einem entsprechenden Rüden die Rasse weiter zu verbessern. Die Freude an Haltung und Aufzucht seiner Tiere und der gute Klang, den sein Zwingername in Fachkreisen hat, sind sein Lohn.

Ein Wurf junger Pudel wird im Alter von sieben Wochen durch den ehrenamtlich im Klub tätigen „Zuchtwart" für die Aufnahme in das Zuchtbuch registriert. Auf einem Formblatt wird dazu jeder einzelne Welpe mit seinem Namen aufgeführt und seine Merkmale beschrieben. Auch die gesundheitliche Verfassung der Mutterhündin wird kontrolliert und vermerkt.

Ebenso die Umgebung, in der die Welpen großgezogen werden, also etwa in „Haus und Garten", „Wohnung und Balkon" oder ähnlichem. Anschließend erhält jeder Welpe seine individuelle Tätowierungsnummer in das innere Ohrleder. Diese gehört zu seinem Namen und ist außer seiner „Zuchtbuchnummer" auch in der anschließend ausgestellten Ahnentafel enthalten. Diese Tätowierungsnummer macht ein versehentliches (oder absichtliches) Verwechseln des Hundes unmöglich. Aber auch so mancher abhanden gekommene Pudel konnte anhand seiner Tätowierungsnummer seinem rechtmäßigen Besitzer wieder zugeführt werden.

Welpen von Züchtern seriöser Zuchtklubs dürfen nicht vor einem Alter von acht Wochen abgegeben werden. Diese Vorschrift besteht, weil die Welpen so lange die sie umsorgende Mutterhündin brauchen, um zu gesunden, fröhlichen Hunden heranzuwachsen.

Hundehandel. Traurig ist das Los aller Hundekinder, die der Hundehandel immer noch anbietet. Um Rassehunde in genügender Menge und zu geringen Preisen an den Handel liefern zu können, halten die „Produzenten" Hündinnen häufig in größerer Zahl. In kleinen Kisten leben die Hundemütter mit ihren Welpen. Durch dieses jahrelange Vegetieren sind diese armseligen Kreaturen so abgestumpft, daß elementare Instinkte nicht mehr zu erkennen sind. Diese Hunde haben auch keinerlei Beziehung zum Menschen. Die Hündinnen werden bei jeder Hitze gedeckt, also zweimal im Jahr.

Es gibt auch Hundehandel, der sich mit den Worten „direkt vom Züchter", „Züchter-Verkauf", „privat" oder ähnlichem tarnt. Gesetzlich kann sich eben jeder „Züchter" nennen, der nur einmal mit einer Hündin einen Wurf großgezogen hat. Zum Unterschied wird aber jeder Liebhaber-Züchter bei seinen Verkaufsanzeigen stets den Klub mit angeben, dem er angehört. Das ist sein Güteausweis.

Die Welpen aus dem Hundehandel sind häufig weder entwurmt noch mit einem wirksamen Impfstoff geschützt worden. Ihre Anfälligkeit für Krankheiten liegt nachweislich erheblich höher als die der in einem anerkannten Rassehundeklub gezüchteten Tiere.

Versandhandel. Die unwürdigste Art, mit dem Verkauf von Hunden ein Geschäft zu betreiben, ist der Versandhandel. „Bei Nichtgefallen Umtausch" ist wohl das Herzloseste, was unserem Freund angetan werden kann.

Vier Monate alte weiße Großpudel aus dem Zwinger „vom Walddorf"

Pudelkauf im Tierheim. Auch aus dem Tierheim des örtlichen Tierschutzvereins kann vielleicht ein Pudel geholt werden. Oft hat ein Rassehund, der von seinem Besitzer dort abgegeben worden ist, auch eine Ahnentafel. Während des Aufenthaltes im Tierheim unterstehen alle vierbeinigen Insassen tierärztlicher Kontrolle und Pflege. Ihr Neubesitzer erhält genaue Anleitungen und Hilfen für die Gesunderhaltung der Tiere.

Dokumente unseres Pudels

Der Stammbaum. Unter „Stammbaum" versteht man in der Rassehundezucht den Nachweis der rassereinen Abstammung des Hundes, auf dessen Namen er ausgestellt ist. Mit anderen Worten, der Stammbaum ist „Geburtsurkunde", „Meldeschein" und „Personalausweis" unseres Pudels. Wer den Pudel besitzt, muß auch im Besitz des Stammbaumes sein. Dieser enthält alle Angaben über ihn und drei Generationen seiner Vorfahren, also Eltern, Groß- und Urgroßeltern. Mit Hilfe dieser Namen und Eintragungen können die Ahnen zurückverfolgt werden bis zur Gründung des sogenannten Pudel-Stammbuches im Jahre 1902, denn seit dieser Zeit sind alle Tiere lückenlos in den jährlich erscheinenden Zuchtbüchern eingetragen.

Der Stammbaum unseres Pudels ist also ein Auszug aus dem Zucht-buch seiner Rasse, zeitlich auf drei Generationen begrenzt. Er bescheinigt Rassereinheit und Identität und ist ein Dokument, das heißt eine Urkunde im juristischen Sinne. Wir erhalten mit dem Stammbaum die Gewißheit, daß der Hund unter der Obhut eines Züchters aufgewachsen ist, der Mitglied einer Kluborganisation im Hundewesen ist und damit einer strengen Zuchtordnung untersteht.

Und wie ist es mit dem „von" bei den Namen unserer rassereinen Pudel? Seit der Rassehundezucht mit Eintragung in Zuchtbücher, also seit über 100 Jahren, unterscheidet man die Tiere nicht nur durch die Zuchtbuchnummern, sondern auch durch Zwinger-Beinamen. Diese Zwingernamen wählt ein Züchter selbst nach seinem Wohnort oder einem geographischen Begriff und setzt ein „von" davor. Ein Züchter darf nur dann einen im Zuchtbuch eingetragenen Zwingernamen für seine Hunde führen, wenn dieser durch den Klub genehmigt ist. Ist er es, wird er für ihn geschützt und kann nicht ein zweites Mal vergeben werden.

Zur leichteren Unterscheidung von Hunden mit gleichem Zwingernamen dient die Bestimmung, daß alle Hunde aus einem Wurf Vornamen mit dem gleichen Anfangsbuchstaben tragen. Die Namen der nachfolgenden Würfe beginnen mit dem jeweils nächsten Buchstaben des Alphabets, also 1. Wurf = A-Welpen,

2. Wurf = B-Welpen, 3. Wurf = C-Welpen und so fort.

Der Impfpaß. Das zweite wichtige Dokument für unseren Pudel ist sein Impfpaß. Dieser dient ausschließlich zur Überwachung seiner Gesunderhaltung. Ein gewissenhafter Züchter verkauft keinen ungeimpften Hund. Er händigt den Welpen seinem neuen Besitzer stets zusammen mit dem „Internationalen Impfpaß" für Hunde aus, der dreisprachig abgefaßt ist und die Eintragung der erfolgten Schutzimpfungen durch den Tierarzt enthält. Die Gesunderhaltung unseres Hundes ist aber nicht durch einmaliges Impfen im Welpenalter gewährleistet. Nur durch regelmäßige Nachimpfungen nach Vorschrift der Impfmittel-Hersteller sind Schutzimpfungen wirksam. Die im VDH organisierten Rassehundeklubs schreiben den Züchtern zwingend vor, daß nur schutzgeimpfte Hunde an den Käufer abgegeben werden dürfen.

Was ist noch zu beachten?

Steuerliche Anmeldung. Die steuerliche Anmeldung eines Hundes muß spätestens im Alter von drei Monaten erfolgen. Die Anmeldung nimmt die Gemeindeverwaltung entgegen. Oft hat der Züchter bei seiner Steuerbehörde bereits die Abmeldung des inzwischen verkauften Welpen vorgenommen. Dabei hat er Namen und Anschrift des Neubesitzers angegeben. Es empfiehlt sich daher, bei der Anmeldung des Pudels dessen Ahnentafel mitzunehmen.

Die Hundesteuer ist eine sogenannte Gemeindesteuer. Sie wird in den einzelnen Gemeinden nach verschiedenen Gesichtspunkten festgelegt. Es werden jedoch auch Steuerbefreiung oder Steuerermäßigung gewährt, wenn die gesetzlich verlangten Voraussetzungen dafür erfüllt sind.

Haftpflichtversicherung. Es sollte kein Hundebesitzer versäumen, für seinen Hund eine Haftpflichtversicherung abzuschließen. Bei einem angriffslustigen oder gar bissigen Hund ist dies einleuchtend. Oft glaubt aber so mancher Besitzer eines wohlerzogenen Pudels, eine Haftpflichtversicherung sei nicht nötig. Doch leider hat die Praxis etwas anderes gelehrt. Beispielsweise kann ein Autounfall durch einen Hund, der plötzlich über die Fahrbahn läuft, verursacht werden. Der so entstandene Schaden ist von dem Halter des Hundes zu tragen! Ist der Hundehalter aber versichert, tritt die Versicherungsgesellschaft für den entstandenen Schaden bis zur Höhe des versicherten Risikos ein.

Die Aufzucht des Welpen

Allgemeines

Damit ein junger Hund gesund heranwachsen kann und uns mit seiner robusten Natur und seinem ausgeglichenen Wesen Freude bereitet, müssen wir folgendes beachten:

Jeder Welpe braucht viel Schlaf. Dabei darf er nicht gestört werden, sonst ziehen wir uns ein quengeliges, unruhiges Tier groß. Auch anfassen sollte man den jungen Pudel nicht zuviel. Er ist kein Spielzeug. Hunde zeigen sich ihre Zuneigung untereinander durch Stupsen mit der Nase, Ziehen am Nackenfell, Beißen in die Haxen und so fort. Niemals engt ein Hund den anderen ein, der Fluchtweg bleibt immer offen. Den Hund auf dem Arm, auf dem Schoß festzuhalten, bedeutet für ihn eine Einengung und ist damit widernatürlich. Zwar wird er diese Behandlung nach anfänglichem Sträuben dulden, aber sein Wesen wird dadurch beeinträchtigt. Kommt er jedoch von selbst und möchte auf den Arm genommen werden, so ist das etwas anderes. Mit dieser Haltung sucht er die Nähe des Menschen so, wie er mit seinem Artgenossen zusammen das Schlafkörbchen aufsuchen würde. Dieses spontane Zeichen der Zuneigung anzu-

nehmen, sollten wir immer mit Freude bereit sein. Den Kindern muß erklärt werden, daß der Hund ein Freund ist. Ein Freund hat das Recht auf Selbständigkeit, er darf nicht dazu gezwungen werden, eine solche Behandlung auszuhalten wie eine Puppe oder ein Stofftier.

Vermeiden müssen wir auch, einen jungen Hund unentwegt zum Spielen aufzufordern. Er braucht seine Ruhe. Ruhe bedeutet aber nicht nur Schlaf, sondern zum Beispiel auch ungestört an einem Knochen, einem Apfel oder einer Möhre kauen, für sich allein mit seinem Ball spielen oder aus dem Fenster auf die Straße sehen zu können. Will er aber mit seinen Besitzern spielen und sich als Clown von ihnen bewundern lassen, so wird er dies ganz von selbst zu verstehen geben. Er liebt es, Publikum zu haben, das seinen Künsten, die er sich ausdenkt, Beifall zollt.

Der Tagesablauf unseres Pudels muß regelmäßig sein, dann fügt er sich auch ganz unauffällig in den seiner Menschenfamilie ein. Zu dieser Regelmäßigkeit gehört, daß ihm seine Mahlzeiten stets pünktlich dargeboten werden. Tun wir dies nicht, wird unser Hund unruhig, vielleicht sogar aufsässig, im menschlichen Sinne

Kinder lieben Pudel!
Lola mit der acht
Wochen alten
Großpudelhündin
Angie White Spider

also „ungezogen". Dabei hat sein Besitzer die Schuld für dieses Verhalten, denn die Uhr im Magen unseres Hundes hat sich energisch gemeldet und gesagt: „Es ist Futterzeit!" Nachdem die Futterschüssel leergefressen ist, wird von einem Welpen sofort Kot abgesetzt. Also zunächst zum Löseplatz, dann Ruhe zum Verdauungsschlaf.

So wichtig wie Futter und Schlaf ist für unseren jungen Hund die ausreichende tägliche Bewegung an Licht, Luft und Sonne. Dabei ist zu beachten, daß ein Welpe noch keine langen Spaziergänge bewältigen kann. Vorsicht vor Überanstrengung! Wenn wir sein Verhalten genau beobachten, lernen wir aber rasch, wieviel wir ihm zumuten können. Schützen müssen wir unseren Hund vor praller Sonne und vor Zugluft. Wenn er sich am Tage also auf Balkon oder Terrasse aufhalten kann, darf er nicht ausgesperrt werden, sondern muß die Möglichkeit haben, nach eigenem Ermessen in die Wohnung oder in sein Körbchen zu kommen.

Von Anfang an müssen wir unseren Welpen daran gewöhnen, allein in einem Raum zu bleiben, ohne zu bellen, zu weinen oder an der Tür zu kratzen. Wir üben diese Lektion täglich und benutzen dabei ein ganz bestimmtes, kurzes Wort, vielleicht „warten". Hat er sich brav verhalten, loben und belohnen wir ihn. Wenn wir dann später einmal die Wohnung ohne ihn verlassen müssen, ist er an das Alleinbleiben bereits gewöhnt und wird nicht den Hausfrieden stören. Wir sagen „warten", und unser Hund weiß dann schon, was wir von ihm verlangen. Diese Übung braucht Zeit und Geduld. Ihr Erlernen ist für unseren Hund deshalb so schwer, weil sie der Natur des Hundes, nie ohne Gesellschaft zu sein, widerspricht. Von Anfang an geben wir unserem Hund viel Lob und Aufmunterung. So stellen wir ein inniges Vertrauensverhältnis des Hundes zu seinem Herrn her. Dieses ist die Grundlage, ihn zu einem angenehmen Freund und gehorsamen Begleiter zu erziehen, der von jedermann wegen dieser Tugenden geachtet wird.

Damit unser Welpe und später der Junghund ohne gesundheitlichen Schaden zu einem erwachsenen Pudel heranwächst, muß noch etwas genau beachtet werden. Ein junger Hund nimmt alles auf und verschluckt, was er findet. Vorsicht mit Näh- und Stecknadeln, Pfirsichkernen, Nüssen, Nußschalen! Und bitte, allergrößte Vorsicht bei der Aufbewahrung von Medikamenten! Vorsicht auch bei Spaziergängen. Auch draußen wird der Junghund alles aufnehmen wollen, was er findet. Mit energischem „Pfui" muß man es verhindern.

Ein Wort zum Thema „Knochen für den Hund". Im allgemeinen sollte man darauf verzichten, dem Pudel Knochen zu geben. Er verträgt sie meist nicht gut. Zur Beschäftigung kann man dem jungen Hund aber ein großes Stück weichen Kalbsknochen geben. Auch weiche Knorpel vom Rind darf er fressen. Niemals soll unser Hund aber Knochen von Geflügel, Wild oder Hammel bekommen. Diese Knochen splittern und können den Darm durchbohren. Auch Karbonadenknochen sind ungeeignet, weil sie splittern. Auf keinen Fall darf der Hund Knochen von gepökeltem Fleisch erhalten. Sie sind zu salzig und daher Gift für ihn.

Das Lager

Als Lager für unseren Pudelwelpen und den heranwachsenden Junghund eignen sich am besten alle im Fachhandel erhältlichen Körbe oder Höhlen.

Das Körbchen ist nicht nur sein Schlafplatz, an dem er ungestört, aber nicht zu weit ab von seiner Menschenfamilie liegen kann, sondern es ist auch seine Zufluchtstätte, wenn er Schutz sucht. Ebenso ist es das Versteck, zu dem er seinen wertvollsten Besitz trägt, einen Knochen, ein Spielzeug, seine Beute also.

An diesem Platz darf auf keinen Fall Strafe verabfolgt werden. Dort sollte er auch nicht etwa mit Kamm und Bürste bearbeitet oder ihm etwas zugefügt werden, was ihm unangenehm ist. Das Lager muß sich für den Hund immer mit dem Gefühl des Wohlbefindens verbinden. Es ist sein Zufluchtsort, an dem er unangetastet bleibt.

Selbstverständlich kann man dem Hund, wenn er auf dem Lager liegt, etwas fortnehmen, was er nicht haben darf.

Will man aber eine Unterordnung erreichen (zum Beispiel soll er kommen, um gebürstet zu werden), so muß er zunächst von seinem Lager fortgerufen oder notfalls fortgenommen werden. Erst dann kann auf den Hund eingewirkt und von ihm eine bestimmte Unterordnung verlangt werden. Das Lager selbst aber bleibt tabu.

Stubenreinheit

Die Stubenreinheit ist ein vorübergehendes Problem bei der Anschaffung eines Welpen. Es kann schnell gelöst werden, wenn man die angeborene Sauberkeit des Pudels durch Konsequenz und Geduld unterstützt. Dabei

Die jüngsten Sieger der Welpenschau: Drei 10 Wochen alte Zwergpudel aus dem Zwinger „von der Zauberflöte"

heißt die Grundregel: Ein Welpe muß immer dann sofort dorthin gebracht werden, wo er seine Geschäfte verrichten soll, wenn

- er soeben aus dem Schlaf erwacht ist,
- er gerade die Futterschüssel leergefressen hat,
- er mitten im Spiel plötzlich innehält und mit der Nase auf dem Boden suchend hin- und herläuft.

Man nimmt ihn dann schnell auf den Arm – das ist der Trick, damit er noch eine Weile dichthält – und bringt ihn nach draußen. Hat er sein Geschäft gemacht, wird unser Pudel gelobt mit „brav, so ist's brav". Hat er erst einmal verstanden, daß er Lob außerhalb der Wohnung für seine Pfützchen und Geschäfte erhält, wird er sehr bald auch an die Tür gehen, wenn er ein Bedürfnis hat.

Niemals darf man einen Hund mit der Nase in den eigenen Kot drükken, wenn er sich einmal in der Wohnung vergessen hat. Er kann dies nicht als Strafe für seine Missetat verstehen. Er empfindet nur entsetzliche Qual.

Ertappen wir unseren Hund in der Wohnung, während er sich „vergißt", so ist die beste Strafe ein sehr scharf und schneidend gerufenes „Pfui". Anschließend sollte der Hund sofort nach draußen gebracht werden, als würde er Gassi geführt. Hat man die Bescherung erst erheblich später nach der Tat entdeckt, ist er dafür

nicht mehr zu strafen. Ein Hund kann nur dann eine Strafe verstehen, wenn sie „in flagranti" erfolgt, also während seiner Missetat.

Schon wenige Augenblicke später darf er nicht mehr gestraft werden, da er nicht, wie der Mensch, zwei zeitlich auseinanderliegende Dinge miteinander in Zusammenhang bringen kann.

Mit dem Welpen oder Junghund geht man spät abends noch mal nach draußen (etwa 22 Uhr), um ihm das „Durchhalten" in der Nacht zu erleichtern, und am Morgen so früh wie möglich. Wichtig ist es, ihn sofort nach dem Aufwachen hinauszubringen, sonst ist es für das Vermeiden der Verschmutzung schon zu spät.

Viele Züchter benutzen bei der Aufzucht der Pudelwelpen Zeitungspapier als Babytoilette. Ein Teil der Kinderstube wird mit warmen Dekken ausgestattet, gleich daneben liegt Zeitungspapier. Sehr früh gehen die kleinen Pudel dann schon allein auf das Zeitungspapier, etwa ab drei Wochen, und halten ihre warmen Schlafdecken sauber. Diese Gewöhnung an das Zeitungspapier ist dann bei der Aufzucht eines Pudelwelpen bei seinem Neubesitzer eine große Hilfe, indem man Zeitungspapier für „Notfälle" neben dem Schlafplatz ausbreitet.

Normalerweise ist Stubenreinheit nach wenigen Wochen erreicht, wenn man wie beschrieben verfährt.

An- und Auffressen von Gegenständen

Eins haben alle jungen Hunde gemeinsam: die unbefangene Neugier, die sie ihrer Umwelt entgegenbringen. Wie ist das Hundeleben doch schön und lustig. Alles in der Welt ist zum Spielen da. So ist denn auch vor dem Tatendrang und den spitzen Milchzähnen unseres Pudels in der Wohnung nichts sicher.

Vor dem Einzug des jungen Hundes in die Wohnung müssen möglichst noch folgende Sicherheitsvorkehrungen getroffen werden:

- Steckdosen sichern (Vorrichtungen im Fachhandel erhältlich);
- Telefon- und alle anderen Elektrokabel (Fernseher) vor dem Benagen oder Durchbeißen sichern;
- Balkon- und Terrassengitter prüfen und eventuell sichern, damit der kleine Pudel sich nicht durchzwängen und herunterfallen kann.

Ist ein Garten vorhanden, muß er eingezäunt sein, und die Gartentüren sind geschlossen zu halten.

Um den Junghund von der Beschädigung unserer Wohnung abzuhalten, benötigt er ausreichendes, geeignetes Spielzeug. Dazu besorgen wir einen oder zwei Kauknochen aus Büffelhaut, einen oder zwei Tennisbälle und einen großen Kalbsknochen (Kniegelenk vom Schlachter abgesägt, nicht abgehackt), den wir durch einen neuen ersetzen, wenn er zu riechen beginnt. Die Knochen duften für unseren kleinen Hund wesentlich besser als zum Beispiel die Teppichfransen oder die Stuhlbeine, er wird sie also vorziehen. Außerdem sind sie gesund und ersetzen zusätzliche Kalkgaben. Die Bälle rollen so herrlich schnell, sie stacheln den noch schlummernden Jagdtrieb an und lenken vom Inventar ab. Auch Äpfel und Möhren können wir unserem Pudel geben.

Es ist für einen Hund wichtig, daß er Dinge besitzt, an denen er unbekümmert seinen Spieltrieb auslassen und mit Hingabe kauen und knabbern kann.

Das Spielzeug allein aber veranlaßt den Junghund nicht, Möbel und Teppiche in Ruhe zu lassen. Die Menschenfamilie muß ihm beibringen, was ihm erlaubt ist und was nicht, und zwar mit liebevoller Strenge, nicht mit Strafen: Geht ein Hund an die Teppiche oder will er gerade an den Gardinen reißen, klatscht man in die Hände und sagt in scharfem Ton „Pfui!" und sofort in liebevoller Tonart hinterher: „Wo ist denn dein Ball (oder dein Knochen)?" und beginnt, den Hund mit dem genannten Spielzeug zu beschäftigen. Dabei lobt man ihn ausgiebig. Dieses wird immer wiederholt, bis der junge Hund verstanden hat, was er darf und was nicht.

Erziehung

Konsequenz in der Erziehung unseres Pudels macht diese, zusammen mit Verständnis und liebevoller Zuneigung, zum Kinderspiel. Wie von selbst fügt sich ein jung erworbener Pudel in seine Menschenfamilie ein. Nichts bedeutet ihm mehr, als seinem Besitzer Freude zu machen und dessen Zuneigung zu gewinnen.

Die Kunst der Erziehung liegt darin, dem Hund verständlich zu machen, was wir von ihm wollen. Zwang sollte dabei so wenig wie möglich angewendet werden. Fehlverhalten des Hundes ist meist auf fehlerhafte Erziehungsmethoden seines Besitzers zurückzuführen. Seien wir also kritisch gegen uns selbst. Hüten müssen wir uns aber davor, den Hund zu vermenschlichen.

Damit verkennen wir seine Wesensart und nehmen ihm seine Entfaltungsmöglichkeit. Der Hund ist und bleibt ein Lebewesen, dessen Verhaltensweise von Naturtrieben bestimmt wird. Im menschlichen Sinne logisch zu denken, ist ihm nicht möglich.

Von unserer Sprache kann er auch nicht den Sinn verstehen. Er lernt jedoch, den Klang und die Klangstärke zusammen mit dem Tonfall und den Gebärden seines Herrn so zu erfassen, daß er dem vom Menschen Gewünschten nachkommen kann.

Der Pudelwelpe kommt ins Haus

Um unserem Pudel den Schritt ins Leben zu erleichtern, holen wir ihn am Vormittag von seinem Züchter in sein neues Zuhause. Der Trennungsschmerz wird dadurch gemildert, denn die Tagesereignisse lenken ihn ab. Bis zum Abend hat sich der kleine Kerl schon an uns angeschlossen.

Zu Hause angekommen, beginnen wir gleich mit der Gewöhnung. Wir setzen ihn auf seinen für ihn vorbereiteten Platz und streicheln und loben ihn. Jetzt bleiben wir in unmittelbarer Nähe des Welpen, sprechen freundlich und beruhigend auf ihn ein und verhalten uns ganz entspannt. Eine unvorstellbare Vielzahl unbekannter Dinge stürzt auf unseren Welpen ein. Durch unsere Ruhe und liebevolle Stimme versuchen wir, ihm das Gefühl der Sicherheit und Geborgenheit zu geben. Nun wird es gar nicht lange dauern, und die Neugier des kleinen Hundes besiegt seine Bedrücktheit. Aufmerksam wird er sei-

Dressierter Pudel eines alten Jahrmarkt-Circus.
(Radierung von J. Klein, anno 1816)

Dressur-Probe

Zeichnung

von

Stop

Der Pudel als Artisten-
hund – das gibt es
auch heute noch

ne neue Umgebung näher betrachten und vor allem beriechen.

Ein Hund orientiert sich hauptsächlich nach dem Geruchssinn. Nach jedem Stück mutig eroberter Wohnung wird er freudig zu demjenigen zurücklaufen, der ihn hierher gebracht hat. Dessen Geruch ist ihm am vertrautesten. Diesem Menschen hat sich der Welpe, als er aus seiner gewohnten Umgebung fortgebracht wurde, angeschlossen.

Nach einiger Zeit bringen wir unseren kleinen Pudel in die Küche und zeigen ihm, wo seine Wasserschüssel steht. Sicher wird er von der großen Aufregung durstig geworden sein. Wir bieten ihm auch etwas zu fressen an. Spätestens jetzt ist das erste Pfützchen fällig. Da alles noch so neu und unbekannt ist, schelten wir ihn dafür aber nicht. Und nun überkommt unseren Welpen die Müdigkeit der Erschöpfung. Diesen ersten Schlaf in der neuen Umgebung dürfen wir nicht stören. Wir bleiben bei ihm, damit er sich nicht verlassen fühlt. Wacht er nach diesem Schlaf auf, sind ihm sein neuer Besitzer und die Umgebung schon vertraut. Er wird einen viel lebendigeren Eindruck machen.

Gewöhnung an Halsband und Leine

Das Welpenhalsband sollte geschmeidig und nicht zu breit sein, die Leine lang, um gute Bewegungsfreiheit zu geben. Legen wir unserem Hund zum erstenmal ein Halsband um, wird er sich heftig dagegen sträuben. Wir sprechen daher liebevoll mit ihm und loben ihn. Ist das Halsband geschlossen, wird er versuchen, dieses störende Ding mit den Hinterpfoten wegzukratzen. Da es ihm nicht gelingt, wird er ganz aufgeregt. Wir helfen ihm über diese Paniksituation hinweg, indem wir ihn ablenken.

Ganz schlimm wird es dann, wenn unser Pudel angeleint ist. Er wird rückwärts laufen, bocken, sich gegenstemmen, knurren, fiepen oder schreien, je nach Temperament, denn der Ruck an der Leine ist der erste Zwang, den das Tier erlebt. Nun machen wir uns aber seinen Folgeinstinkt zum Helfer. Wir gehen vor dem Pudel her – rückwärts –, mit unserem Gesicht ihm zugewandt, und locken ihn. Er wird uns folgen und darüber sehr schnell Halsband und Leine vergessen. Immer wieder, wenn unser Welpe sich plötzlich setzt oder stehenbleibt, beugen wir uns ganz zu ihm hinunter, geben ihm aufmunternden Zuspruch, entfernen uns ein paar Schritte und locken ihn.

Bei all diesen Versuchen muß die Leine selbstverständlich immer locker durchhängen. Niemals dürfen wir unseren Welpen an der Leine hinter uns herziehen, ungeduldig sein oder gar schimpfen. Damit stören wir das Vertrauen des Hundes zum Menschen. Die Gewöhnung an Halsband und Leine ist fast immer innerhalb eines Tages zu erreichen, wenn der Welpe mit Geduld und Verständnis bei dieser Lektion behandelt wird. Während der ersten Tage, bis zur völligen Gewöhnung, behält unser Welpe tagsüber das Halsband um. Abends nimmt man es ihm ab, damit es ihn in der Nacht nicht stört oder er sich gar verhaken oder strangulieren kann. Nach kurzer Zeit ist das Umle-

11 Wochen alter Zwergpudel aus dem Zwinger „vom Danebrog" lernt, an der Leine zu laufen

gen des Halsbandes ein Grund zu Freudentänzen. Ausgehen mit seinem Herrn – danach steht so recht des Hundes Sinn!

Der nächtliche Schlafplatz

Die erste Nacht, die unser Pudel bei uns zu Hause verbringt, ist eine schlimme Geduldsprobe für unser mitfühlendes Herz! Jeder Welpe wird versuchen, auch in der Nacht in unserer Gesellschaft zu bleiben und dies lautstark fordern. Es geht zwar gegen die Natur des Hundes, die Nacht allein in einem Raum zu verbringen, wir können ihm dies aber ohne weiteres zumuten und angewöhnen. Dazu gehören Konsequenz und die Einsicht, daß wir dem jungen Hund Untugenden angewöhnen – wenn wir ihn etwa mit ins Schlafzimmer nehmen –, die ihm nicht wieder abzugewöhnen sind. Eine oder zwei Nächte, in denen der Welpe jammert, sind zu überstehen, auch wenn uns der kleine Kerl noch so leid tut. Wir können ihm das Alleinsein erleichtern, indem wir eine (alte) tickende Uhr unter sein Lager legen. Das beruhigt ihn!

Warum? Wir wissen es nicht, aber es hilft. Läßt man sich aber erweichen, in der ersten Nacht aufzustehen, um den Hund zu trösten, so wird er um so mehr jammern, wenn er wieder allein gelassen worden ist. Er hat die Erfahrung gemacht: Jammern bringt Gesellschaft und damit Wohlbefinden.

Futterplatz und Futterzeiten

Als Fütterungsplatz für unseren Pudel ist die Küche am besten geeignet. Ganz wichtig ist bei der Fütterung des Hundes: Der einmal eingeführte Zeitplan muß eingehalten werden. Dies gilt vor allem für den erwachsenen Hund, der nur einmal am Tag, besser ist zweimal, seine Portion bekommt. Wir wählen die Zeit, die für unseren Tagesablauf am geeignetsten ist.

Betteln am Tisch ist eine Unsitte, die wir unserem Pudel nicht gestatten! Wir bitten daher die ganze Familie, dem Pudel vom Tisch nichts abzugeben. Solange wir unsere Mahlzeiten einnehmen, hat der Hund ruhig an irgendeinem Platz zu liegen. Auch wenn Gäste da sind, bitten wir diese, dem Hund während des Essens nichts zu geben. Ganz abgesehen davon, daß es lästig ist, einen schmachtenden Pudel neben dem Tisch sitzen zu haben, aus dessen Fang die Speichelfäden tropfen, der

mit der Zeit auch noch anfängt, sein Betteln mit Lauten zu unterstützen, ist das Füttern bei Tisch ungesund. Unsere Speisen sind zu sehr gewürzt, zu fett oder enthalten zuviel Zucker und machen unseren Pudel dick und unansehnlich. Nehmen wir den Pudel mit in ein Restaurant, hat er ruhig und brav unter dem Tisch zu liegen. Ein solches Verhalten wird ihn bei jedermann beliebt machen.

Kommen auf Ruf oder Pfiff

Von allen Gehorsamsübungen ist das Kommen zum Herrn auf Ruf oder Pfiff die schwerste für unseren Hund. Diese Übung ist aber für seine Sicherheit im Stadtverkehr die wichtigste, und deshalb müssen wir auch so früh wie möglich damit beginnen.

Das Kommando dafür heißt „Hier!". Wir beginnen, dem Pudel begreiflich zu machen, was wir mit „Hier!" meinen, indem wir zuerst in der Wohnung üben. Wir befestigen an seinem Halsband eine Laufleine, und auf das Kommando „Hier!" ziehen wir ihn vorsichtig, aber bestimmt zu uns heran, sagen „Brav!" und streicheln ihn, wenn er bei uns angekommen ist. Dieses wiederholen wir einige Male hintereinander. Dann hören wir auf mit der Übung. Nie sollte eine Schulstunde für unseren Hund lang sein, das überfordert ihn. Dafür wiederholen wir sie aber verschiedene Male am Tag.

Nach einiger Zeit verlegen wir diese Übung mit unserem Hund nach draußen, auf eine Hundewiese oder sonstige Anlage, wo er nicht durch hektischen Straßenverkehr abgelenkt wird. Wichtig ist: Alle Kommandos müssen aus prägnanten, möglichst einsilbigen Worten bestehen. Wir erleichtern dem Hund damit das Lernen. Falsch ist, was man oft hört: „Also, Putzi, wenn du jetzt nicht endlich kommst, werde ich aber böse!" Dieser Hund merkt wohl ein leises Grollen in der Stimme seines Herrn, ein Kommando enthält dieser Satz aber für ihn nicht. Er fühlt sich mit seiner Bummelei deshalb auch nicht

im Unrecht. Richtig wäre gewesen zu rufen „Hier!!!" und dann, wenn der Hund beim Herrn angekommen ist, „Braaav, braver Putzi!". Das Wort „Brav!" wird immer mit warmer, liebevoller Stimme gesprochen und dabei sehr langgezogen.

Auch den Pfiff, den wir anstelle des Kommandos „Hier!" verwenden wollen, üben wir schon zu Hause. Haben wir einen Leckerbissen für den jungen Hund – einen Hundekuchen etwa –, rufen wir ihn beim Namen und geben sofort danach das Pfeifsignal. Er wird diesen Pfiff später dann immer mit etwas Angenehmen verbinden. Das wird ihn veranlassen,

Die kleine Isabell mit ihren beiden Großpudelfreunden vom „Rayon d'Soleil"

freudig zu uns zu kommen, nachdem der betreffende Pfiff ertönte. Diese Übung können wir auch auf den Spaziergängen versuchen, ebenfalls mit einem Leckerbissen zur Belohnung.

Überhaupt sollte man am Anfang bei der Erziehung des Welpen zum Gehorsam kleine Leckerbissen neben dem reichlich gespendeten Lob verwenden.

Die Erziehung des Hundes muß wohldurchdacht sein. Wir dürfen ihm nur soviel Zwang antun, wie dies für die Erziehung zu seiner eigenen Sicherheit notwendig ist. Nie sollten wir unseren Hund mit der Hand schlagen, davon würde er leicht handscheu. Aber Schläge sind sowieso kein Hilfsmittel bei der Hundeerziehung. Nie dürfen wir unseren Hund strafen, wenn er zu uns kommt! Ist er bei einem Spaziergang ausgerissen und auf unser Rufen und Pfeifen nicht gekommen, kehrt dann aber (zum Glück) doch zu uns zurück, dann darf man ihn nicht strafen. Mag unser Zorn noch so groß sein über den Ungehorsam, wenn wir ihn strafen würden beim Zurückkommen, würde er die Strafe nur auf die letzte Handlung, also auf das Kommen beziehen. Ungern würde er dann wieder freiwillig zu uns kommen! Er hätte das Vertrauen verloren. Dies ist dann der Fall, wenn Hundebesitzer klagen: „Nein, meinen Hund kann ich nicht von der Leine losmachen, der kommt ja nicht wieder."

Kommandos „Sitz!" und „Platz!"

Es ist angenehm, einen Pudel zu haben, der gut erzogen ist. Darunter versteht man, daß er die wichtigsten Kommandos gelernt hat und auch befolgt. Im Restaurant, in dem Hunden der Zugang erlaubt ist, macht es einen guten Eindruck, wenn der Pudel sich wie selbstverständlich unter den Tisch legt und dort auch bleibt.

Die leichteste Übung für einen Hund ist, sich auf Kommando hinzusetzen. Oft am Tage setzt er sich ja von selbst bei den verschiedensten Gelegenheiten hin. Wir werden daher auch sehr schnell zum Ziel kommen. Wir rufen den Hund zu uns und streicheln ihn. Dann sagen wir „Sitz!". Dabei halten wir ihn mit der rechten Hand am Halsband unter der Kehle fest und drücken gleichzeitig mit der linken Hand das Hinterteil des Hundes nach unten. Ohne Hast oder Eile. Sitzt der Pudel, wird er gelobt! Dieses Kommando erlernt er am besten in der Wohnung. Genau wie bei der Übung „Hier!" geben wir nur drei- bis viermal hintereinander dieses Kommando und hören dann auf. Später oder am nächsten Tag üben wir erneut.

Wollen wir, daß unser Pudel sich hinlegt, so verwenden wir ein anderes Kommandowort, ich sage „Platz!". Wieder rufen wir zuerst unseren Hund zu uns heran und loben ihn.

Dann sagen wir energisch „Platz!". Dabei drücken wir den Hund zu Boden. Dies gelingt am besten, wenn unsere rechte Hand auf dem Widerrist (Nacken) liegt und die linke Hand auf der Kruppe (Rückenende).

Nicht immer schaffen wir es gleich, unseren Hund auf den Boden herunterzudrücken. Er sträubt sich zunächst und verkrampft sich. Läßt sich der Hund nicht hinunterdrücken, ziehen wir ihm mit der rechten Hand die Vorderbeine vor und drücken ihn, mit der Linken auf der Kruppe, zu Boden. Liegt er auf dem Boden, loben wir ihn ganz besonders. Dann erst lassen wir ihn wieder aufspringen. Er wird Freudensprünge der Erleichterung tun, daß er den Zwang los ist.

Wir versuchen noch zwei- bis dreimal die Übung „Platz!", dann hören wir vorerst damit auf. Wenn wir am Tag darauf neu beginnen, wird es unserem gelehrigen Schüler vielleicht schon Spaß machen, dieses Kommando zu befolgen. Es versteht sich von selbst, daß dies in der Wohnung geübt wird.

Beherrscht unser Pudel die Kommandos „Sitz!" und „Platz!" und führt er sie gern und freudig aus, können wir ihm weiteren Gehorsam beibringen. Zum Beispiel auf seinen Lagerplatz zu gehen, wenn wir dies wünschen. Hierfür suchen wir uns ein passendes Wort aus. Vielleicht verwenden wir „Körbchen!" oder „Bettchen!". Wir führen jetzt unseren Pudel zu seinem Platz (Korb, Couch oder Sessel, je nachdem wo sich sein Lager befindet) und sagen „Körbchen!" (oder ähnliches). Dabei drücken wir den Pudel auf das Lager, genau wie bei der „Platz!"-Übung, und loben ihn anschließend. Eine Weile bleiben wir bei ihm und hindern ihn am Aufstehen. Dabei sagen wir immer wieder „Körbchen!". Dann brechen wir mit viel Lob diese Lektion ab, wiederholen sie immer an den folgenden Tagen, bis alles klappt.

Erziehung zur Ruhe

Unnötiges Bellen gewöhnen wir ihm nicht ab, sondern: Das Bellen dürfen wir ihm nicht angewöhnen! Der Welpe wird am Anfang fürchten lassen, er könne gar nicht bellen. Solange dauert es, bis er dies zum ersten Mal tut. Meist sind seine Besitzer dann darüber so erleichtert, daß sein Bellen mit großem Beifall aufgenommen wird. Dies ist schon der Anfang einer Gewöhnung! Der Welpe lernt sofort: Mit Bellen errege ich Aufmerksamkeit, dann bin ich bei meinen Leuten sofort der Mittelpunkt. Also bitte das Bellen nicht als besondere Leistung ansehen. Bellt der Junghund später, weil er etwas meldet, erlaubt man ihm nur ein einmaliges Anschlagen. Sofort nach einmaligem Bellen ertönt ein scharfes "Pfui!", und man ruft den Pudel zu sich und lobt mit

„Brav!". So gibt man ihm zu verstehen, daß seine Aufmerksamkeit geschätzt wird, mehr aber auch nicht.

Umgang mit Kindern

Es gibt nichts Schöneres für Kinder, als mit einem Hund aufzuwachsen! Es ist eine Bereicherung für das ganze Leben. Der Pudel muß aber dann von den Eltern angeschafft werden als Gefährte und Freund. Die Eltern unterweisen die Kinder in der Aufzucht und Haltung eines Hundes, indem sie ihnen außer der Erlaubnis, mit dem Pudel spazierenzugehen, auch kleine Pflichten auferlegen, zum Beispiel das Hundefutter einzukaufen und sich nach einem festen Wochenplan an der Fellpflege zu beteiligen. So lernen sie spielend, die Verpflichtung für ein Lebewesen zu übernehmen. Gleichzeitig werden sie aber so

viele herrliche Dinge mit ihm erleben, von denen noch später, im Erwachsenenalter, gezehrt werden kann.

Spazierengehen – frei oder an der Leine

Spazierengehen, das ist das Zauberwort für unseren Hund und das schönste tägliche Erlebnis. Außer den notwendigen Gassigängen braucht unser Pudel mindestens eine Stunde uneingeschränkte Bewegungsfreiheit am Tag. Um ihm dies zu ermöglichen, ist es notwendig, in der Nähe unserer Wohnung eine geeignete Anlage oder Hundewiese ausfindig zu machen, wo er vor der Gefahr des Autoverkehrs geschützt ist. Solange der Welpe noch klein ist, acht bis zwölf Wochen etwa, können wir ihn auf einem Hundespielplatz ohne Leine laufen lassen, weil er aus

In der Gemeinschaft lernt es sich leichter. Auf dem Übungsplatz werden die Kommandos „Sitz" und „Gebiß prüfen lassen" geübt

seinem Folgeinstinkt heraus uns nachläuft. Allerdings müssen wir ihn ständig unter Beobachtung halten, sonst folgt er anderen sich bewegenden Menschenbeinen.

Wenn er etwas älter ist, findet er sein Selbstbewußtsein und kommt in das „Flegelalter". Jetzt ist er unberechenbar, wenn wir ihn von der Leine losmachen. Vor Lebensfreude und Übermut kann er plötzlich davonrennen, auf eine Straße gelangen und überfahren werden. Deshalb nehmen wir dort, wo solche Gefahr besteht, den Junghund an die Leine.

Bei-Fuß-Gehen. Mit dem Hund auszugehen macht keine Freude, wenn er an der Leine mal zieht, mal hinterherbummelt, plötzlich vor unseren Füßen auf die andere Seite wechselt oder wie festgewurzelt an einer Stelle schnüffelt. Es ist dann an der Zeit, mit der Übung „Bei Fuß!" Abhilfe zu schaffen. Ist unser Pudel sechs bis acht Monate alt geworden, können wir damit anfangen.

Zunächst müssen wir aber wissen, daß ein Hund stets links zu führen ist (Regel Nummer 1 in der Hundeerziehung und -ausbildung). Nachdem er sich gelöst (seine Geschäfte verrichtet) und seinen Bewegungsdrang befriedigt hat, beginnen wir mit der Übung.

Das Kommando „Fuß!" bedeutet für den Hund, in dem gleichen Tempo, das sein Führer einhält, neben

ihm herzugehen. Dabei ist die Schulter des Hundes in der Höhe des linken Knies. Er darf weder vorpreschen noch bummeln. Wie erreichen wir das? Wir halten also die Leine in der linken Hand, der Hund geht an unserer linken Seite. Wir nehmen jetzt die Leine etwas knapper, sagen „Fuß!" und geben einen solchen Leinenruck, daß der Hund in der gewünschten Höhe neben unserem linken Knie läuft. Wir gehen energisch weiter und sagen immer wieder „Fuß!", „Fuß!". Bummelt der Hund, ziehen wir ihn mit einem Leinenruck und dem Wort „Fuß!" vor, prescht er nach vorn, ziehen wir ihn mit einem Leinenruck zurück und sagen „Fuß!". Diese Art der Einwirkung auf unseren Hund soll zwar energisch sein, sie darf aber nicht in Quälerei ausarten.

Sind wir hundert Meter auf diese Weise mit ihm gegangen, so bleiben wir stehen, sagen zu ihm „Sitz!" und streicheln und loben unseren braven Hund intensiv. Die Übung wird sodann beendet, aber später auf dem Heimweg wird noch einmal geübt.

Der Pudel wird schnell lernen, was das Kommando „Fuß!" bedeutet. Schon nach wenigen Tagen macht das Ausgehen mit ihm große Freude. Allerdings darf nun der Hund nicht während der ganzen Zeit, die er an der Leine geht, unter den Zwang des Bei-Fuß-Gehens gestellt werden, das wäre wider seine Natur.

Aber immer dann, wenn die Situation es erfordert oder der Pudel wieder anfängt, den Herrn auszuführen anstatt umgekehrt, dann sollte man für ein paar Minuten Bei-Fuß-Gehen verlangen. Nach einiger Zeit kann diese Übung dann mit dem nichtangeleinten Hund geprobt und bis zum Können geübt werden. Das hat aber auf dem Hundespielplatz zu erfolgen, nicht auf der Straße.

Beherrscht unser Pudel das Bei-Fuß-Gehen perfekt, gehen wir noch einen Schritt weiter. Wir üben mit ihm, daß er sich links neben uns zu setzen hat, wenn wir stehenbleiben. Zuerst wird mit der Leine geübt und mit dem Kommando „Sitz!", sobald wir stehenbleiben.

Später, wenn unser Pudel es schon fast unaufgefordert macht, üben wir es ohne Kommando. Dies ist ein wichtiges Hilfsmittel im Großstadtverkehr. Solche Übungen machen aber auch Herrn und Hund viel Freude.

Verhalten bei Begegnungen mit anderen Hunden. Zur natürlichen Entwicklung des sozialen Verhaltens muß der Welpe sooft wie möglich mit Artgenossen zusammenkommen. Der Hund ist kein Einsiedler, seine natürliche Lebensform ist die Meute. Wenn er auch Gesellschaft an seiner Menschenfamilie hat, so ist sie doch keine artentsprechende. Nur wenn ein junges Lebewesen unter seiner Art heranwächst, wird es auch artgetreues Verhalten zeigen.

Auf unseren Pudel bezogen heißt das: Trifft er täglich oder zumindest häufig mit anderen Hunden zusammen, so entwickelt er sich zu einem mit anderen Hunden äußerst verträglichen Tier. Halten wir ihn aber von anderen Hunden fern, kann sich seine Veranlagung nicht richtig entwickeln. Solche Hunde werden aggressiv oder überängstlich, sie zeigen also typisches Fehlverhalten.

Daher dürfen wir selbst einen Zwergpudelwelpen, und sei er noch so klein, nicht auf den Arm nehmen. Hoch oben auf dem Arm und im Schutze seines Besitzers verhält sich so ein Pudel ganz anders als auf seinen vier Beinen, in natürlicher Größe und naturhafter Haltung vor dem Artgenossen. Auf dem Arm wird er keifen, es kann ihm ja keiner etwas tun, also kann er frech sein. Am Boden würde er sich still und ruhig wie ein normaler junger Hund verhalten. Der andere hätte ihn dann als solchen erkannt und mit wohlwollender Gleichgültigkeit bedacht.

Also, Mut, liebe Pudelbesitzer, halten Sie ihren Zögling nicht von anderen Hunden fern. Ermöglichen Sie ihm auch eine gesunde psychische Entwicklung und Freude am Spielen mit seinesgleichen.

Verhalten des Pudels im Wald. Bei den ersten Waldspaziergängen mit unserem Pudel müssen wir ihn auf den eventuell verbliebenen Jagdinstinkt hin testen.

Was tut er, wenn er plötzlich auf eine Hasen- oder andere Wildspur trifft? Wie verhält er sich beim Gang durch Felder, wenn unvermutet vor ihm ein Fasan aufflattert? Das alles müssen wir erst herausfinden, um uns später danach richten zu können, ihm im Wald und auf Feldern mehr oder weniger Freiheit zu geben. Es ist daher ratsam, seinen Pudel bei Waldspaziergängen nicht aus den Augen zu lassen. Sehen wir, daß er aufgeregt auf dem Waldboden eine Spur aufgenommen hat, die er verfolgen will, so müssen wir ihn sofort energisch mit „Hier!!!" zurückrufen oder mit dem Pfeifsignal zurückpfeifen. In bestimmten, gesondert durch deutliche Hinweise markierten Gebieten dürfen wir unseren Pudel auf keinen Fall unangeleint laufen lassen. Dort ist der Freiraum des heimischen Wildes. Es darf durch Hunde nicht gestört werden. Ein wildernder Pudel soll durch den Jäger oder Förster sogar abgeschossen werden. So will es das Gesetz!

Der Pudel – ein „Wasserhund". Fast alle unsere Pudel besitzen eine große Leidenschaft für das Wasser. Also Vorsicht bei Sonntagsspaziergängen, wenn diese uns in die Nähe von Teichen, Tümpeln, Bächen, Flüssen oder die See führen! Wir können unseren Pudel kaum davon abhalten, ein Bad zu nehmen. Herrlich ist es für einen Pudel, ins Wasser zu dürfen, und es dient der Gesundheit aller, wenn die Familie im Sommer mit ihm an die See fährt. Es gibt an der See Strandgebiete, an denen auch der Hund baden darf. Wie schön sind Wattwanderungen oder gemeinsames Schwimmen von Familie und Hund. Es sind Stunden voller Lebensfreude!

Allein zu Hause

Einer der Gründe, weshalb sich Stadtmenschen einen Hund zulegen, ist, „weil es Abwechslung bringt". So geschieht es dann leider häufig, daß Herrchen und Frauchen tagsüber arbeiten, der Hund aber allein in der Wohnung zurückbleiben muß. Man tröstet sich dabei und meint, wenn man abends daheim sei und den ganzen Samstag und Sonntag mit dem Hund gemeinsam verbringen könne, so sei es nicht weiter schlimm, den Hund von Montag bis Freitag tagsüber allein zu lassen. Der Fehler, den man dem Hund gegenüber begeht, liegt darin, daß man ihn von der menschlichen Warte aus beurteilt. Der Hund verfügt aber nicht über Einsichtigkeit wie der Mensch. Er kann nichts voraussehen und die Tage in Erwartung des Wochenendes geduldig allein verbringen. Der Hund richtet sein Verhalten nach Naturinstinkten. Sein Gehirn kann keine Denkvorgänge leisten.

Die Lebensform des Hundes ist die Meute. Das Leben in der Meute ist ein Leben in Gesellschaft. Sich aus der Meute entfernen, bedeutet, nicht wiederaufgenommen werden, also Isolierung. Der Hund, dessen Besitzer berufstätig sind und ihn allein lassen, wird gezwungen, gegen sein natürliches Verhalten zu leben. Das ist qualvoll. Ein solcher Hund setzt sich gegen dieses Leben wider seine Instinkte zur Wehr: Er bellt, jault oder winselt und wird neurotisch.

Man sollte ernsthaft überlegen, ob es nicht eine Tages-Patenstelle für das Tier gibt. Viele ältere Leute hätten gern einen „Hund auf Zeit". Auch ältere, tierliebende Kinder würden gewiß die Tagesbetreuung übernehmen. Auf diese Weise wäre der Hund, dessen Besitzer berufstätig sind, allerbestens aufgehoben. Es macht ihm auch nichts, plötzlich zwei Besitzerfamilien zu haben. Sein wirkliches Zuhause kann er sehr wohl von seinem Ersatzheim unterscheiden. Vielleicht kann man eine solche Patenschaft über die Lokalzeitung finden.

Die Pflege des Pudels

Kleider machen Leute – schön ist nur der gepflegte Pudel! Welche Schur er trägt, das liegt in der freien Entscheidung seines Besitzers. Mit Kamm und Bürste stets sorgsam in Ordnung gehalten, ist jede Frisur für das Auge gefällig, mag sie auch den Standard-Vorschriften nicht entsprechen. Wenn wir unseren acht bis zehn Wochen alten Welpen vom Züchter abholen, hat er ihm schon das Gesicht ausgeschoren. Die blanken Augen können ungehindert in die Welt blicken, ohne daß Zotteln zum Tränenfluß reizen. Der Bart ist gestutzt oder auch abgeschoren. Nach dem Fressen mit einem Tuch abgerieben, ist das Schnäuzchen wieder sauber. Unter dem Schwanz ist die Wolle vorsichtig weggeschnitten. Es muß immer gut aufgepaßt werden, daß an diesen Stellen keine Verklebungen und evtl. sogar Entzündungen entstehen. Jetzt schon dem Welpen eine moderne Schur zu geben, wäre viel zu früh und gesundheitsschädlich. Er braucht rundherum sein warmes Kleid.

In diesem zarten Alter ist auch Baden für seine Gesundheit nicht zuträglich. Bei Bedarf kann man ihn mit Trockenshampoo behandeln, das im Fachhandel erhältlich ist. Es wird nach Anweisung in das Fell eingestreut, eingerieben und dann ausgebürstet.

Damit sind wir bereits beim A und O der Pudelpflege, dem Bürsten. Ein Pudel wird nie auf dem Fußboden stehend oder sitzend gepflegt, sondern stets auf einem Tisch, auf seinem Tisch. Als Standort suchen wir uns einen Platz mit guten Lichtverhältnissen und ausreichender Bewegungsfreiheit für unsere Arbeit. Der Tisch muß fest stehen. Ist er wackelig, steht unser Pudel nicht still. Als Auflage auf dem Tisch benutzen wir ein Stück Teppichboden, das durch die Gummierung unterwärts fest aufliegt. So haben die Pudelfüße auch festen Halt. Dieser Tisch soll möglichst immer an der gleichen Stelle stehen. Gewöhnung ist schon halbe Erziehung.

Für die sachgemäße Fellpflege besorgen wir uns aus dem Fachhandel eine Spezialbürste für Pudel und einen weitzinkigen Kamm mit einem festen Holzgriff. Ist der Kamm zu fein, „ziept" das Kämmen.

Unser Pudel wird jeden Tag gebürstet! Dies ist notwendig, damit im Fell keine Verklumpungen entstehen können. Sie bilden sich schnell. Schon nach wenigen Tagen Pause in der

Pflege sind sie nicht mehr durch einfaches Bürsten zu entfernen. Werden sie gewaltsam ausgekämmt, ist das für unseren Hund schmerzhaft und für den Pudelfriseur Knochenarbeit. Also, jeden Tag bürsten! Anschließend mit dem Kamm prüfen, ob das Fell auch überall locker und keine Verfilzung nachgeblieben ist.

Schon am zweiten Tag in seinem neuen Zuhause wird unser Pudel zum ersten Mal feingemacht. Wir nehmen ihn auf den Arm und sagen ihm den Ausdruck, den wir hierfür später immer benutzen wollen. Bei meinen Pudeln heißt das „Hübschmachen". Nun streicheln wir unseren Pudel und stellen ihn auf den Tisch. Dabei ertönt unser Kommando „Steh!". Es wäre für Hund, Besitzer und Pudelfriseur wünschenswert, daß jeder Pudel dieses Kommando erlernt. Ein Hund, der auf dem Tisch bei der Pflege unruhig ist, sich hinsetzt oder mit der Pfote die Bürste festhält oder andere Mätzchen macht, ist eine Plage. Wir verlangen also von unserem Pudel ein ruhiges, gehorsames Verhalten auf dem Tisch während der Pflege. Dazu ermahnen wir ihn immer wieder mit einem energischen „Steh!" und stellen ihn dabei hin.

Mit dieser Erziehung beginnen wir gleich, wenn wir ihn zum ersten Mal selbst feinmachen. Beim kleinen Welpen müssen wir aufpassen, daß er uns nicht vom Tisch springt oder herunterfällt (Knochenbruchgefahr!). Daher stellen wir ihn im Profil vor

Champion und Weltsieger 1996 Avion Totaly Foxy at Härbovi in der z. Zt. beliebtesten Ausstellungsfrisur

uns hin, der Kopf zeigt von uns aus gesehen nach links. Jetzt greift unsere linke Hand von vorn zwischen seine beiden Vorderbeine; die Handfläche nach oben gedreht, halten wir ihn unter der Brust fest. Mit der rechten Hand bürsten wir nun. Fängt unser Hund an zu zappeln, kann ihm wegen des festen Griffes nichts passieren. Wir sagen auch sofort energisch „Steh!" und stellen ihn entsprechend hin.

Anschließend drehen wir ihn herum, sein Kopf zeigt jetzt nach rechts, und wir schieben unsere linke Hand von hinten zwischen seinen Hinterbeinen hindurch und drücken die nach oben gedrehte Handfläche gegen seinen Bauch und können nun seine rechte Körperhälfte bürsten. Trotz des energischen Kommandos „Steh!" sprechen wir unserem Pudel liebevoll zu und erklären ihm viele Male, wie schön er sei und wie lieb wir ihn hätten.

Am Anfang kann bei unserem noch recht ungebärdigen Welpen das Fell nur oberflächlich durchgebürstet werden. Das macht aber nichts. Es ist noch nicht so dicht wie später das

Zwergpudelhündin Nina von der Zauberflöte wartet im Schersalon auf ihr Bad und die neue Frisur

„Pudelnaß". Die Hündin leckt sich den Seifenschaum von der Nase

Fell des erwachsenen Pudels. Wichtig ist nur die Gewöhnung an das brave Verhalten auf dem Kämmtisch. Es dauert auch gar nicht lange, dann hat er sich an den Tisch gewöhnt, und wir können wie folgt verfahren:

Wir fangen bei der Krone (dem Haarschopf auf dem Kopf) an. Wir bürsten das Haar erst nach hinten, dann nach vorn und gehen anschließend mit dem Kamm von vorn nach hinten durch und legen das Haar in Form einer Haube zurecht. Bitte die Krone nicht aus der Stirn kämmen, sondern ein wenig nach vorn ziehen.

Nach dem Trockenfönen kann die Verschönerung mit Schermaschine und Schere beginnen

Jetzt bürsten wir vorsichtig die Ohren. Erst von innen, dazu klappen wir das Ohrleder um, dann von außen. Bitte mit leichter Hand arbeiten! An den Ohren sind alle Pudel empfindlich. Jetzt ziehen wir das linke Vorderbein ein wenig vor und heben es gleichzeitig etwas an. In dieser Stellung (wir halten es mit der linken Hand) bürsten wir von unten gegen den Strich die Haare bis oben zur Schulter durch. Anschließend umgekehrt, mit dem Strich, von oben nach unten. Dann lassen wir das Bein los, und der Pudel stellt es wieder normal auf. Nun nehmen wir den Kamm und gehen diese ganze soeben gebürstete Partie vorsichtig durch und prüfen, ob keine Knoten geblieben sind. Ist unsere Prüfung zur Zufriedenheit ausgefallen, kommt das rechte Vorderbein an die Reihe, danach die Hinterbeine.

Zum Schluß bürsten und kämmen wir die Haare auf dem Rücken, unter der Brust und den Pompon an der Rute, wenn unser Pudel einen solchen hat. Besonders leicht verfilzen folgende Stellen: hinter den Ohren, vorn zwischen Brust und Vorderbein, an den Ellenbogen, auf den Schenkeln.

Das tägliche Bürsten unseres Pudels sollte in die Zeit vor seinem großen (mindestens einstündigen) Spaziergang gelegt werden. Dadurch erreichen wir, daß unser Hund die Pflege mit etwas Angenehmem verknüpft, nämlich dem Ausgehen, und voller Freude auf das Kommando „Hübschmachen" kommt.

Das Baden

Das Baden gehört zum Pudel wie seine Fellpflege mit Kamm und Bürste. Nur dann kann ein Pudelhaarschnitt tadellos aussehen, wenn der Hund vorher gewaschen worden ist und sein Fell sachgemäß getrocknet wurde. Baden und Scheren sollten daher in einer Hand liegen, beim Pudelfriseur.

Da es trotzdem einmal vorkommen kann, daß man seinen Pudel aus irgendwelchen Gründen selbst waschen muß oder will, sei hier eine Anleitung dazu gegeben. Das Wasser darf nur lauwarm sein, das Baden muß in einem warmen, zugfreien Raum geschehen, ebenso wie das Trocknen. Shampoo verwenden, das vorher mit warmem Wasser 1:5 verdünnt wurde. – Es soll „rückfettend" sein, d. h. dem Haar, dem beim Waschen natürliches Fett entzogen wurde, eine Spur Fett zurückgeben, damit es nicht spröde und stumpf wird. Genügend viele trockene Frotteehandtücher bereitlegen. Einen Fön zur Verfügung und viel Zeit und Ruhe haben.

In die Badewanne legen wir eine rutschfeste Matte, auf die wir unseren Pudel stellen und vorsichtig, aber bis auf die Haut, naß machen. Zum Schluß kommt der Kopf an die Reihe. Damit kein Wasser in die Ohren laufen kann, drücken wir diese fest an den Kopf, wenn wir die Krone mit der Brause bearbeiten. Wir nehmen die Ohren ein wenig hoch und halten sie nach vorn, wenn wir den Nacken brausen oder den Hals an der Kehle. Ist der Pudel überall bis auf die Haut naß, wird das vorbereitete, 1:5 gemischte Shampoo jetzt vorsichtig auf den Pudel gegossen. Immer etwas auf eine Stelle, die wir dann wie einen Pullover behandeln und ausdrücken. So geht es Stück für Stück. Als letztes waschen wir die Krone und den Fang mit dem Bart. Vorsicht mit den Augen! Die Ohrfransen können wir vorsichtig reiben wie Strümpfe. Alles bitte mit Ruhe und Geduld tun.

Wenn wir unseren Pudel schamponiert haben, wird er mit der Brause abgespült. Das Haar ist dann seifenfrei, wenn es unter den Fingern quietscht oder knarrt. Haar, das sich seidig anfaßt, ist meist noch voll Seife. Empfehlenswert ist es, dem Haar jetzt eine sog. „Schönspülung" zu geben, die es lockerer macht und das Ausbürsten erleichtert. Nach dem Abfrottieren darf der Hund sich ausgiebig schütteln.

Nun setzen wir ihn auf seinen Kämmtisch, mit einem dicken Handtuch unter ihm. Jetzt wird gefönt und gleichzeitig gebürstet. Wir erreichen damit, das Pudelhaar während des

Trocknens lang auszuziehen. Dadurch bekommt es Fülle und „steht". Lassen wir den Pudel nur in Badetücher eingewickelt trocknen, liegt sein Fell glatt an. Ist es danach ausgekämmt, hat es ein unschönes, zotteliges Aussehen. Nach dem Bad darf der Pudel nur kurz nach draußen. Deshalb empfiehlt es sich, den Hund am Nachmittag oder frühen Abend zu baden, bis zum nächsten Morgen ist das Haar dann genügend getrocknet. Man sagt nämlich, das Haar des Pudels brauche dazu 24 Stunden.

Das Scheren

Damit ein Pudel immer gepflegt aussieht, bringen wir ihn etwa alle vier bis sechs Wochen zum Pudelfriseur.

Dort wird er gewaschen und geschoren. Das Haar ist dann an allen Körperstellen so weit nachgewachsen, daß der Schnitt die Form verloren hat. Auch läßt sich das inzwischen schmutzig gewordene Haar nicht mehr gut pflegen.

Bevor wir unseren Pudel zum Friseur bringen, kämmen wir ihn besonders gut durch und entfernen auch die kleinste Klette. Unseren Welpen bringen wir zum Pudelfriseur, damit das Gesicht ausgeschoren, soweit dies nötig ist, und das Fell an den Spitzen gestutzt und in Form gebracht wird.

In den warmen Jahreszeiten kann unser Pudel dann mit etwa vier bis fünf Monaten seinen ersten Schnitt und sein erstes Bad erhalten. Empfehlenswert ist der sogenannte Baby-

Schwarzer Großpudel Jason vom Karolineneck in der „sportlichen" Modeschur schnitt. Dazu bleibt die Wolle außer im Gesicht überall stehen und wird nur gekürzt und den Konturen des Pudels angepaßt. Mit sechs bis neun Monaten erhält unser Pudel die Schur, die sein Besitzer für ihn passend findet.

Noch ist das Pudelhaar weich, es läßt sich also noch nicht ganz so zurechtmachen, wie man es sich vorgestellt hat. Doch Geduld, ein halbes Jahr später ist es schon ganz anders, und eines Tages stöhnt man vielleicht „oh, diese Wolle, die mein Pudel hat! Nicht durchzukommen!". Für den Winter bleibt das Haar etwas länger stehen, damit sich unser Pudel nicht erkältet. Ein wenig mehr eigenes Haar hält ihn viel besser warm als ein gekauftes Mäntelchen.

Black-and-tan-farbene Kleinpudelhündin Irena von den Sudenthronen

Mit dem Pudel im Urlaub und auf Reisen

Urlaubszeit ist für manchen Hund eine bittere Zeit. Unmenschen lösen dieses Problem dadurch, daß sie ihren Hund weitab von zu Hause einfach aussetzen und weiterfahren, ihrem Urlaubsziel entgegen. Das ist die krasseste Gefühlslosigkeit und verstößt grob gegen bestehendes Recht (Tierschutzgesetz). Andere geben ihren Hund in Pension, oft ohne zu wissen, wie gut er dort untergebracht ist. Es gibt aber auch Pudel, die so sensibel sind, daß sie trotz der allerbesten Unterbringung in einer Hundepension aus Heimweh vielleicht sogar schwer erkranken.

Viel besser ist es dann schon, wenn jemand aus dem Verwandten- oder Freundeskreis den Hund in Pflege nimmt oder die Wohnung seiner Besitzer hütet und gleichzeitig den Pudel betreut. Dann bleibt dem Hund während der Abwesenheit seiner Besitzer wenigstens die gewohnte Umgebung erhalten. Der Idealfall ist und bleibt aber immer: zusammen mit dem Hund verreisen.

Mit der Reisegesellschaft kann unser Pudel sogar mitgenommen werden. Gewisse Unternehmen bieten jetzt im Autofahrer- und Bahnprogramm „Pauschalurlaub für Vierbei-

ner" an. Darüber wird sicher mancher Pudelbesitzer erfreut sein.

Der Pudel im Auto. Machen wir die Reise im Auto, sitzt der Hund hinten. Man bindet ihn im Auto nicht an. Bei einem plötzlichen Bremsen zum Beispiel könnte er sonst Schaden erleiden. (Der Fachhandel bietet Autogurte für Hunde an.) Dem Pudel wird auf keinen Fall erlaubt, den Kopf aus dem fahrenden Auto oder aus dem geöffneten Schiebedach zu stecken; er bekäme entzündete Augen. Will man über die Landesgrenze fahren, beachte man die Grenzbestimmungen, die man beim ADAC oder dem jeweiligen Konsulat des Besuchslandes erfährt.

Eine Flasche Wasser, Dosenfutter und zwei Schüsseln – eine für das Wasser, eine für das Fressen – nehmen wir für unseren Pudel mit. Nur den Dosenöffner nicht vergessen! Die Pausen, die man selbstverständlich für den Pudel einlegen muß, sind auch für Fahrer und Mitfahrer eine gute Entspannung. An der Autobahn den Hund immer anleinen.

Der Pudel in der Bahn. Auf Bahnreisen kann man ihn auch ohne Schwierigkeiten mitnehmen. Er fährt

Ob im sommerlichen
Südfrankreich oder im
winterlichen Nord-
deutschland – Pudel
sind gerne draußen

auf Kinderfahrkarte. Auch in den Schlafwagen kann er mit, wenn er brav erzogen ist und die Mitreisenden nicht stört. Verboten ist das Betreten eines Speisewagens mit einem Hund. Bei längeren Reisen nicht oder wenig füttern! Wasser nicht vergessen!

Der Pudel im Flugzeug. Bei manchen Flügen kann ein kleiner Pudel auch in der Tasche untergebracht in der Kabine mitreisen. Sonst fliegt er in ausleihbaren Transportkäfigen im Frachtraum mit; vor Antritt der Reise bei der Fluggesellschaft erkundigen. Bei Charterflügen wird kein Hund mitgenommen.

Der Pudel an Bord eines Schiffes. Auf Fährschiffen, Flußschiffen und ähnlichem kann ein Hund stets mitgenommen werden. Auch nach Übersee kann er reisen. Hat man vor, eine weitere Schiffsreise anzutreten, gibt das Reisebüro oder die Reederei genaue Auskunft, Quarantänebestimmungen stets bedenken!

Vorbereitung für Auslandsreisen. Man muß sich vor Buchung der Reise erkundigen, welche Voraussetzungen gegeben sind. Für die meisten europäischen Länder wird eine Tollwutimpfung verlangt. Diese muß mindestens vier Wochen, aber nicht älter als zwölf Monate sein. Auch häufigeres Impfen beeinträchtigt nicht die Gesundheit des Hundes. Daher sollte man also rechtzeitig nachimpfen lassen. Für die Wiedereinreise in die Bundesrepublik benötigt man die Identitätsbescheinigung für den Hund. Diese gibt der Amtstierarzt auf einem Formblatt, das im „Internationalen Impfpaß für Hunde" enthalten ist. In diesem Impfpaß wird auch die Tollwutimpfung beglaubigt. Welche Bestimmungen in den einzelnen Ländern für die Einreise von Hunden gültig sind, erfährt man über die Konsulate. Aber auch der ADAC und die Reisebüros sind in diesen Fällen behilflich.

Mit dem Pudel im Hotel. In den meisten Hotels hierzulande ist der Pudel willkommen. Es wird für ihn ein Tageskostensatz berechnet oder der Aufenthalt gratis gewährt.

Will man mit ihm in einem Hotel wohnen, so sollte stets das Körbchen des Hundes dabeisein. Außerdem seine Wasser- und Futterschüssel, ein oder mehrere Handtücher für schmutzige Pudelfüße. Im Ausland ist es oft schwierig, ein Hotel zu finden, das einen Hund aufnimmt. Es ist daher empfehlenswert, vorher über die Verkehrsvereine der Orte, die man aufsuchen will, Anschriften von hundefreundlichen Hotels einzuholen.

Mit dem Pudel zur Ausstellung

Allgemeines

Die Hundeausstellung ist das Schaufenster, in dem die Zuchtergebnisse einer Rasse zu sehen sind. Auch die unseres Pudels. Seine Qualität wird hier geprüft. Bis ins kleinste Detail werden Aussehen und Wesen von Zuchtrichtern begutachtet und mit den Standardvorschriften verglichen. Je vollkommener der ausgestellte Hund dem Idealtyp entspricht, desto höher ist die Bewertung, die der Zuchtrichter ihm erteilt. Diese Beurteilung erfolgt im Stand – wobei die Toy-, Zwerg- und Kleinpudel auf dem Tisch gemustert werden, die Großpudel auf dem Boden – und in der Bewegung, das heißt in einem flüssigen Trab.

Ausschlaggebend für seine Beurteilung ist die Tageskondition des vorgeführten Hundes. Wenn es bei der Plazierung um die Reihenfolge

„Cruft's Show" in England: Letzte Vorbereitung der Großpudel im englischen „Saddle-Clip" (Sattelschur) für die Präsentation im Ring

Championesse Ledjen Grand Slam to Walddorf im Alter von 12 Monaten in Ausstellungsfrisur

der Hunde geht, wird der individuelle Geschmack auch des versiertesten Zuchtrichters dabei die Auswahl beeinflussen.

Sinn und Zweck einer Ausstellung ist es, solche Hunde an die Spitze zu stellen, die das Zuchtziel dieser Rasse darstellen. Die dabei immer neu auftretenden Nachwuchshunde sollten sowohl dem Standard als auch dem sich leicht ändernden Zeitgeschmack angepaßt werden. Nach diesen Spitzenhunden kann sich der Züchter und Nachwuchszüchter in der Bemühung um die standardgerechte Weiterzucht der Rasse genauso richten wie der engagierte Laie oder Neu-

ling. Vergessen sei aber auch nicht, wie werbewirksam eine Hundeausstellung ist. Interessierten Tierfreunden wird die Liebe zum Rassehund nahegebracht. Nicht nur durch die Veranstaltung selbst, sondern durch Gespräche mit den Züchtern, die jederzeit gern auf Fragen über die Rasse Auskunft geben und dem künftigen Hundehalter genau erklären können, ob die Charakteristik der Rasse auch der Erwartung entspricht, die man sich gemacht hat, oder ob eine andere Rasse vielleicht geeigneter sein kann.

Entschließt man sich, mit seinem Pudel Ausstellungen zu besuchen,

81

oder erwirbt man gezielt einen sogenannten Ausstellungshund, so muß
man bereit sein, für diesen Sport viel
Zeit, Mühe und Kosten aufzuwen-
den, weil sonst die Ausstellungserfol-
ge immer mittelmäßig bleiben.

Ein „Ausstellungshund" wird
nicht geboren, er wird „gemacht",
muß aber selbstverständlich von hoher Qualität sein. Fellpflege. Ring-
und Konditionstraining, optimale
Aufmachung und – besonders wichtig – viel Lob an den Hund und Freude am Ausstellungssport, das sind die
Voraussetzungen für einen Erfolg.

Als Krönung dieser Mühe werden
Besitzer und Hund zu einer Einheit.
Fasziniert verfolgen die Zuschauer
einen „Schauhund-Pudel", der sich
im Ring als König fühlt und wie ein
Profi präsentiert. Wenn man die

„Hohe Schule der Ausstellung" beherrscht, muß es auch nicht immer
der Top-Sieg sein, den der Hund erreicht. Man weiß um die Qualitäten
und kleinen Schwächen des eigenen
Pudels, die der Konkurrenz und
kennt auch den persönlichen Geschmack des Richters. Der Ausstel-
lungstag wird dann so verstanden,
wie er immer und überall bei sportlichen Wettkämpfen verstanden werden sollte: Dabeisein ist alles.

Doch bis zur souveränen Beherr-
schung des „Schaugeschäftes" ist es
ein langer Weg. Empfohlen sei dem
interessierten Pudelbesitzer, sich zunächst in seinem Klub einmal alles
Wissenswerte in der Theorie anzueig-
nen. Dann sollte er allein ohne Hund
einige Zuchtschauen besuchen, um
zu prüfen, ob es ihm gefällt und er

Welpenschau

gern selbst einmal zu den Teilnehmern gehören möchte.

Entschließt man sich, aktiver Ausstellungssportler zu werden, so können sich durch den Besuch in- und ausländischer Schauen wertvolle Freundschaften entwickeln. Die allen Teilnehmern eigene Liebe zum Hund schlägt schnell eine Brücke von Mensch zu Mensch.

Vorführwettbewerb für Jugendliche

Seit einigen Jahren ist auf den Ausstellungen ein „Vorführwettbewerb für Jugendliche" eingeführt worden, das sogenannte „Junior-Handling" (diese Bezeichnung ist aus dem Englischen übernommen). Die jugendlichen Hundefreunde haben hier die Möglichkeit, unter Anleitung von Zuchtrichtern die optimale Vorstellung eines Rassehundes im Ring zu erlernen.

Sportliche Fairneß, Disziplin, Freude am Rassehund, mit Haltung gewinnen und verlieren, das alles vermittelt eine Teilnahme an diesem Wettbewerb, der in zwei Altersklassen, I von 9–12 Jahren, II von 13–17 Jahren, veranstaltet wird.

Leistungssport mit dem Pudel

Der in Gehorsam und Unterordnung gut erzogene Stadthund und der nicht wildernde Landhund haben bessere Chancen in ihrem Leben als der ungehorsame Hund. Das erlebt man immer wieder.

Um dem Pudelbesitzer zu ermöglichen, seinen Hund unter fachkundiger Leitung selbst in Gehorsam und Unterordnung auszubilden, bieten die Pudelklubs ihren Mitgliedern eigene Übungsplätze an vielen Orten der Bundesrepublik an. Ehrenamtliche Ausbilder stehen hier zur Verfügung, und es gibt nicht einen Pudel,

der ungeeignet wäre. Sie sind alle begabt, ohne Unterschied der Größe, das Verlangte zu erlernen.

Geübt wird in der Gruppe und einzeln. Junge und ältere Besitzer führen ihren Hund nach den Kommandos der Ausbilder. Zu Hause kann man selbst weiterüben. Die Gruppenarbeit fördert die vierbeinigen Eleven besonders, denn sie lernen voneinander, indem sie sich gegenseitig abschauen, wie die anderen es machen. Es gibt drei Leistungsstufen, wobei der Schwierigkeitsgrad der Übungen jeweils gesteigert wird. Es

Auf dem Hundesportplatz. Claudia Nagel mit (von links) Ch. Aristocrat vom Walddorf, Ch. Young Lady vom Walddorf und Ch. Zarewich vom Walddorf

wird apportiert, über Hürden gesprungen, abgelegt, gewartet, bis Herrchen wiederkommt oder Frauchen ein Handzeichen zum Kommen gibt. Gegenstände des eigenen Besitzers werden bewacht und, wenn nötig, standhaft verteidigt. Bei einer Nachtübung mit simulierten Überfällen kann auch getestet werden, wie sich der eigene Pudel in solch einer Situation verhält.

Allein im DPK werden etwa 20 bis 30 Prüfungen im Jahr abgehalten. Veranstalter sind jeweils die Untergruppen des Klubs, die in Eigenhilfe mit Spendenmitteln hübsche Klubheime inmitten großer Rasenflächen erstellt haben. Hier trifft man sich zum Übungsbetrieb und zu geselligen Veranstaltungen. Bei den anderen Organisationen ist es ähnlich. Auch Kurse für die Ausbildung zum „Verkehrssicheren Begleithund" werden angeboten.

Ansporn für den Leistungssport, bei dem nicht die Schönheit des Pudels Vorrang hat, sondern seine Lernfähigkeit und Leistung, sind Urkunden, Pokale und Sportabzeichen, die nach bestandener Prüfung vergeben werden. Für jeden teilnehmenden Hund gibt es auch ein Leistungsbuch, in das jede einzelne Prüfung eingetragen wird mit der Höhe der erlangten Punkte in der betreffenden Übung. Es werden sogar Titel vergeben wie z. B. „Leistungs-Champion", „Klubsieger" etc. analog der Schönheits-Ausstellungen. Unabhängig von DPK-, VDP- oder ADP-Übungsplätzen, sind die Mitglieder dieser Klubs berechtigt, aktiv auch die Übungsplätze anderer dem VDH angehörenden Rassehundeklubs zu benutzen. Daher wird es gar nicht so schwierig sein, in der Nähe des eigenen Wohnortes einen Übungsplatz und damit die Anleitung zu finden, aus dem eigenen Pudel, sollte er es noch nicht sein, einen gehorsamen, gut erzogenen, verkehrssicheren Begleithund zu machen.

Agility – der neue Breitensport für das Team Mensch/Hund

Aus US-Amerika kommt diese neue Sportart, die das deutsche Wort „Geschicklichkeit" am besten trifft. Auf einem Parcours werden vielerlei Hindernisse wie Tunnel, Wippe, Slalomstangen oder Reifen aufgestellt, und die Partner Mensch/Hund erlernen unter fachkundiger Leitung, diesen Parcours zu meistern. Viele Variationsmöglichkeiten der Aufstellung der Hindernisse, die überwunden oder zu durchlaufen oder -springen sind, bringen Abwechslung. Es gibt verschiedene Schwierigkeitsgrade, individuell passend für jedes Teilnehmerteam. Internationale Regeln sind dabei einzuhalten. Ausgebildete Schiedsrichter bewerten mittels eines

Merete Jarfelt mit ihrem Toypudel Sessan auf einem dänischen Agility-Parcours

vorgeschriebenen Punktsystems bei offiziellen Wettkämpfen die Teilnehmer.

Es ist ein Spiel, ein Spaß, eine Herausforderung an Intelligenz und Anpassungsfähigkeit, schnelles Reaktionsvermögen und an das gegenseitige Vertrauen der Partner Mensch/ Hund. Dieser Sport an frischer Luft bei (fast) jedem Wetter ist ein ausgezeichneter Ausgleich zum täglichen Einerlei. Er wertet auch unseren Pudel, sei er ein Großer, ein Kleiner oder ein ganz Kleiner, zu dem auf, was er eigentlich sein soll: unser Kamerad.

Unerläßliche Voraussetzung, sich aktiv für die Teilnahme an Agility zu entscheiden, ist eine vorhandene Grunderziehung des Pudels. Darunter ist zu verstehen, daß er leinenführig sein muß, die Kommandos „Sitz" und „Platz" beherrscht und sich sozial, also verträglich, mit seinesgleichen verhält. Für diese Grunderziehung stehen, wie vorerwähnt, bei den meisten Pudelklubs geeignete Übungsplätze und sog. Übungswarte zur Verfügung. Dort können auch Leistungsprüfungen abgelegt werden. wie schon im Kapitel Leistungssport beschrieben.

Auf Anfrage wird man Ihnen mitteilen, wo sich solche Plätze befinden und wo die Ausbildung zum Agility-Sport betrieben wird.

Flyball – eine Variante zu Agility

Flyball ist ein Mannschafts-Wettkampf mit einer Fülle von schnellen Aktionen und einfachen Regeln, der Mitspieler und Zuschauer gleichermaßen begeistert. Er kommt aus England, und seine international geltenden Regeln sind vom englischen Kennel Club, dem Dachverband aller englischen Rassehundzuchtvereine, erlassen. Flyball heißt wörtlich übersetzt „Fliegball".

In kurzen Worten erklärt, läuft dieses Spiel so ab: Jeweils zwei Mannschaften mit je vier Hunden konkurrieren zur gleichen Zeit auf zwei nebeneinanderliegenden Bahnen miteinander. Die Bahnen bestehen aus einem Parcours mit vier Hürden und einer Ballwurfmaschine am Ende der geraden Laufstrecke. Nach dem Startzeichen läuft der erste Hund jeder Mannschaft los, überspringt die vier Hürden, läuft zur Ballwurfmaschine, tritt auf ein Pedal, fängt den dadurch herauskatapultierten Tennisball auf und läuft mit diesem im Fang zur Startlinie, die gleichzeitig die Ziellinie ist, zurück, wobei er selbstverständlich wieder die vier Hürden überspringen muß. Jede Mannschaft macht drei Durchgänge. Nach dem Ausschlußprinzip gewinnt am Ende diejenige Mannschaft, deren Hunde in Präzision und Schnelligkeit die besten waren.

In England und in den skandinavischen Ländern hat dieser Sport mit unserem Freund Hund seit Jahren einen hohen Beliebtheitsgrad. Er wird vielleicht auch Eingang in die Pudelclubs in Deutschland finden. Alles Nähere hierüber erfahren Sie bei den im Anhang genannten Klubs.

Pudel als Schlittenhunde

In Alaska, dem nordwestlichsten Teil Nordamerikas, hat an dem jährlichen spektakulärsten Schlittenhunderennen auch ein Pudelgespann teilgenommen. Ihr „musher" (eine Verballhornung des französischen „marché"), so wird der Hundegespann-Führer genannt, ist der US-Amerikaner John Suter. Das Rennen heißt „Iditarod Race" und geht über eine Strecke von 1600 km von Anchorage nach Lome. Die Teilnahme an diesem schwersten aller Schlittenhunderennen war die Krönung einer jahrelangen geduldigen Ausbildung der Pudel. Das Verhalten mehrerer Pudelgenerationen mußten John Suter und seine Frau Mary studieren, bis sie eine Ausbildungsmethode gefunden hatten, einen Pudel dazu zu bringen, mit anderen in einem Gespann mitzulaufen. Der Pudel ist ein vorzüglicher Traber, aber ein Individualist und empfindet es normalerweise als etwas Widernatürliches, sich in einem Gespann im selben Rhythmus wie die anderen Hunde bewegen zu

John Suters Pudel-Schlittenhundeteam, Alaska

müssen. Ganz anders als die Huskies, die Eskimo-Hunde, die schon von ihrer Genetik her für diese Aufgabe bestimmt sind. Die Kunst der Erziehung der Pudel mußte also darin bestehen, daß sie das Schlittenziehen und Wettrennen in einem Gespann als eine große Freude und Spaß empfanden. Das ist John und Mary Suter gelungen. Ganz gleich, welche Farbe ihre Pudel haben, ob Schwarz, Braun, Rot oder wie auch immer, sie haben sich durch die psychologisch richtige Art der Ausbildung alle als meisterhafte Schlittenhunde erwiesen. Seit 1976 bis heute haben sie an 250 verschiedenen Rennen teilgenommen, erreichten 90 erste, zweite und dritte Plätze und wurden vierte im Iditarod-Rennen. Mit feinem Gehör befolgen sie, wie alle Schlittenhunde, die von einer menschlichen Stimme gegebenen Befehle, dabei genügt die kleinste Änderung im Ton. „Ihre Intelligenz ist ihre Stärke, sie ist bei dieser für einen Pudel ungewöhnlichen Aufgabe noch bedeutungsvoller als ihre Muskelkraft", so sagen John und Mary Suter. Aber ihre Pudel können noch mehr: sie sind im Leistungssport (obedience) ebenfalls hochqualifiziert!

Der Pudel, Helfer des Menschen

Der Blindenführhund

Der Pudel ist stets bestrebt, für seinen Besitzer alles zu tun, was dieser sich von ihm wünscht, und zwar nicht aus Unterwürfigkeit, sondern aus dem Willen heraus, dem Menschen dienstbar zu sein. Daher ist er auch für die Aufgabe eines Blindenführhundes prädestiniert. Wegen seiner Körpermaße ist für diesen „Beruf" verständlicherweise nur der Großpudel geeignet.

Aufnahme in eine Blindenführhundschule kann nur ein solcher Pudel finden, der aus einer privaten

Der zukünftige Blindenführhund (Königspudel Choclat Chips Silver Boy Baron) lernt das Anzeigen einer Telefonzelle (Ausbilderin: Dr. Susanne Grünberger)

Aufzucht kommt, in der die Wepen vom Augenblick ihrer Geburt an innigen Kontakt mit ihrer Menschenfamilie bekommen und weiterhin behalten. Ein späterer Blindenführhund darf nie schlechte Erfahrungen mit einem Menschen gemacht haben, damit er sich zu einem friedfertigen, selbstbewußten, arbeitsfreudigen und dem Menschen eng verbundenen Hund entwickelt. Sehr früh muß er die „Welt des Menschen" kennenlernen: die Wohnung mit allen technischen Einrichtungen, die Stadt mit Autoverkehr, Bussen, Bahnen, Menschengedränge, Lärm usw.

Im Alter von 6–8 Wochen wird von Blindenführhundausbildern ein ganzer Wurf auf seine Eignung hin getestet, wobei meist nur 1 oder 2 Welpen vielversprechend sind. Diese wachsen in Patenfamilien (meist Familien mit Kindern in städtischer Umgebung) auf und werden mit Liebe und Sachkenntnis auf ihre spätere Aufgabe vorbereitet. Sind die Hunde ein bis eineinhalb Jahre alt, werden sie einer strengen gesundheitlichen und charakterlichen Prüfung durch Führhundausbilder unterzogen. Viele von Ihnen erfüllen nicht die Anforderungen, die für eine Aufnahme in eine Führhundeausbildung erforderlich sind.

Wird aber einer dieser Pudel in die Schule aufgenommen, muß er 350 Ausbildungsstunden im Führgeschirr bei einem qualifizierten Führhunde-ausbilder absolvieren. Dies dauert 5 bis 8 Monate. Ein gut ausgebildeter Blindenführhund kostet ebensoviel wie ein Mittelklassewagen, aber wie wertvoll ist er für einen blinden Menschen! Am Ende der Ausbildung steht eine Leistungsprüfung, bei der die Hunde ihr Können bei erfahrenen blinden Prüfungsexperten unter Großstadtbedingungen unter Beweis stellen. In einem zwei- bis vierwöchigen Einführungslehrgang wird der zukünftige blinde Führhundhalter mit seinem neuen Gefährten eingeschult. Erst dann ersetzt der Pudel *seinem* Menschen bei der Führhundarbeit dessen blinde Augen und macht ihn (fast) sehend.

Der Rettungshund

Die Veranlagungen, die ein Großpudel besitzen muß, um die Ausbildung zum Rettungshund erfolgreich mit einer Prüfung zu bestehen und zum Einsatz zu kommen, sind seine ruhige Selbstsicherheit, Individualität und Liebe zum Menschen.

Voraussetzung für die Entfaltung seiner Veranlagungen ist, wie beim Blindenführhund, daß der Pudel vom Augenblick seiner Geburt an eine enge Verbindung zu Menschen hat und ihm von diesen nur Liebe und artgerechte Erziehung entgegengebracht wird. Ist der Pudel halb erwachsen, also etwa mit 6 bis 9 Monaten, beginnt der Ausbilder mit Ge-

Rettungshund Cobold vom Großen Wannsee hat eine vermißte Person aufgespürt und zeigt dies bellend an

horsamsübungen wie „Sitz", „Platz", „Bleib" usw., bis der Pudel absolut sicher im Gehorsam ist. Im Erwachsenenalter, ungefähr mit 2 Jahren, kann mit der Ausbildung, verschüttete Menschen zu finden und dies anzuzeigen, begonnen werden.

Die Arbeit der Rettungshunde teilt sich auf in zwei Gebiete: Trümmer- und Flächensuche. Bei der Trümmersuche wird auf einem künstlichen Schuttberg, der von einem verzweigten Röhrensystem durchzogen ist, geübt. Auf diesem unwegsamen Trümmergelände, umgeben von Lärm und Qualm und ganz auf sich allein gestellt, muß der Hund arbeiten. Seine Ausbildung beginnt damit,

daß er die Hundeführer, die sich abwechselnd in den Röhren verstecken, aufspürt. Das Grundprinzip ist einem Hund ziemlich schnell beizubringen. Bis der Hund jedoch zuverlässig arbeitet, der Ausbilder Fehler erkannt und ihm diese abgewöhnt hat und der Hundeführer das Verhalten und die Belastbarkeit seines Tieres voll einschätzen kann, vergehen etwa zwei Jahre.

Der einzige Pudel-Rettungshund in Deutschland lebt bei seiner Züchterin und Ausbilderin in Berlin und arbeitet im Bereich Berlin und Brandenburg, und er wird immer häufiger zu Einsätzen (die er mit Erfolg absolviert) angefordert.

Ernährung

Der Hund braucht mehr als Fleisch

Leben ist Bewegung. Leben ist Wachstum. Leben ist Stoffwechsel. Damit Lebensvorgänge ablaufen können, muß sich das Lebewesen ernähren. Der Zweck der Ernährung ist es, dem Körper Nährstoffe zuzuführen. Diese dienen der Bewegung, indem sie Energie liefern, dienen dem Wachstum, indem sie die Baustoffe darstellen, dienen dem Stoffwechsel, indem sie verbrauchte Substanzen ersetzen. Nährstoffe befinden sich in der Nahrung. Tiere sind von organischen Stoffen abhängig. Diese gehen sämtlich auf Stoffwechselprodukte der Pflanzen zurück.

Der Hund als Nachfahre des Wolfes steht am Ende der Nahrungskette. Er verwertet nicht die Pflanze selbst, sondern pflanzenfressende Tiere. Die wildlebenden Ahnen unseres Hundes verzehrten ihre Beute meist vollständig. Von daher geht der Begriff „Fleischfresser" am Kern vorbei. Denn nicht nur Muskelfleisch, sondern ebenso die Knochen, Sehnen, das Fell und natürlich die Innereien samt dem pflanzlichen Inhalt wurden verschlungen. Treffender ist also die Bezeichnung „Beutetierfresser".

- Der Hund steht am Ende der Nahrungskette.
- Der Hund benötigt neben Fleisch auch Fett, Mineralstoffe, Vitamine und pflanzliche Materialien.
- Der Hund ist ein Beutetierfresser.

Das Verdauungssystem spaltet die Nahrung auf

Dem Wolf wie auch seinem Nachfahren Hund sind eine Reihe spezialisierter Organe eigen, mit denen er seine Nahrung beschaffen, zerkleinern und verwerten kann. Die Zähne dienen dem Ergreifen und Zerteilen der Beute. Mit Hilfe des Speichels gleitfähiger gemacht, gelangt die Nahrung durch die sehr dehnbare Speiseröhre in den Magen. Hier erfolgt eine erste Aufspaltung der einzelnen Bestandteile. Dieser Vorgang wird im Dünndarm fortgesetzt. Unverzichtbare Hilfe leisten dabei Verdauungsenzyme, die in der Bauchspeicheldrüse gebildet werden. Ihre Aufgabe ist die biochemische Zerkleinerung der Nährstoffe bis auf die Grundbausteine. Nur so zerlegt ist die Nahrung letztendlich verwertbar. Die Nährstoffe werden dann von der Darmschleimhaut aufgenommen und mit

Hilfe des Blutkreislaufs in jede noch so entlegene Zelle des Körpers transportiert. Dort erst erfüllen sie ihre eigentliche Funktion. Im Muskel beispielsweise wird die biochemische Energie bestimmter Nährstoffe in Bewegungsenergie umgewandelt, im Knochen dienen andere Nährstoffe als Bausteine den Wachstumsvorgängen. Unverwertbare Bestandteile der Nahrung gelangen in den Dickdarm und werden wieder ausgeschieden.

- Die Nahrung muß aufgespalten werden, um verwertbar zu sein.
- Die Aufspaltung erfolgt hauptsächlich im Darm.
- Die Nährstoffe werden mit dem Blutkreislauf aus dem Darm in alle Körperzellen transportiert.

Hohe Energieausbeute nur bei hochverdaulicher Nahrung

Ob unser Pudel läuft, springt, mit dem Schwanz wedelt oder vielleicht nur daliegt und Herrchen oder Frauchen beim Lesen zuschaut – jeder dieser Vorgänge braucht Energie, sie ist die treibende Kraft aller Lebensvorgänge. Unser Hund bezieht sie aus seinem Futter. In biochemischer Form gespeichert, gelangt Energie in den Körper und wird dort in die unterschiedlichsten Lebensäußerungen umgewandelt. Bei diesen Umwandlungsprozessen gibt es Verluste. Über

Kot und Harn werden Stoffe ausgeschieden, die noch Energie speichern. Auch Wärmeverluste schmälern die Energieausbeute für den Organismus. Dennoch hat das Energieumwandlungssystem „Hund" einen höheren Wirkungsgrad als jedes vom Menschen ersonnene. Eines liegt jedoch auf der Hand: Je höher die Verdaulichkeit der Nahrung ist, desto geringer sind die Energieverluste für den Hund.

- Ohne Energie gibt es kein Leben.
- Die Energie ist in der Nahrung.
- Je höher die Nahrung verdaulich ist, desto besser wird sie verwertet.

Eiweiße sind Baustoff, Energieträger und Wirkstoff zugleich

Jeder Hund benötigt über fünfzig verschiedene Nährstoffe, und zwar Tag für Tag, ein Leben lang. Man kann diese der besseren Übersichtlichkeit halber in Hauptnährstoffgruppen zusammenfassen. Eine wesentliche dieser Gruppen wird von den Eiweißen oder Proteinen gebildet. Sie stellen wichtige Körperbausteine dar. Nur eine einzige Körpersubstanz überhaupt enthält keine Eiweiße als Baustein, und das ist der Zahnschmelz. Alle anderen Gewebe, ob nun Muskel, Nerven, Haut oder innere Organe, bestehen in irgendeiner Form aus Eiweißen. Sogar der Knochen enthält nicht nur Mineralstoffe, sondern eben auch Gerüstproteine. Darüber hinaus werden wichtige Wirkstoffe wie Enzyme und Hormone durch Eiweiße aufgebaut. Außerdem sind Eiweiße eine Energiequelle für Hunde. Die Energieausbeute beim Abbau der Eiweiße ist jedoch nicht besonders hoch. In dieser Hinsicht ist die Nutzung von Fetten effizienter. Fette sind die für den Hund günstigste Energiequelle. Die Ausbeute bei ihrem biochemischen Abbau ist um etwa ein Drittel höher als bei Eiweißen. Fette sind jedoch nicht nur Energielieferanten. Sie stellen auch wichtige Bausteine für Zellmembranen dar und sind unverzichtbarer Bestandteil von bestimmten Hormonen und Vitaminen. Kohlenhydrate kommen in der Natur in großen Mengen in Pflanzen vor. Das Verdauungssystem des Hundes kann diese nur in erhitzter Form spalten. Dann stellen einige Kohlenhydrate jedoch gute Energielieferanten dar. Weiterhin dienen Kohlenhydrate als Ballaststoffe. In dieser Funktion regen sie die Darmbewegung an und sind so für die Passage der Nahrung durch den Darm unerläßlich. Ebenso wichtige, jedoch grundsätzlich andere Aufgaben erfüllen die Mineralstoffe. Die bekanntesten unter ihnen, Kalzium und Phosphor, bilden die Hauptbestandteile der Knochen. Sie fungieren also als Baustoff. Andere Mineralstoffe werden im Stoffwechsel von Substanzen benötigt, welche Steuer- und Regelungsmechanismen bedienen. So gibt es eine Reihe von Enzymen und Hormonen, die ohne die Anwesenheit bestimmter Mineralstoffe wirkungslos blieben. Weiter-

Sieben braune Groß-pudelwelpen und zwei Hauskatzen lassen es sich schmecken

hin laufen so wichtige Vorgänge wie Blutgerinnung, Muskelkontraktionen oder die Erregungsleitung in Nerven nur ab, wenn die dazugehörigen Mineralstoffe dem Körper über die Nahrung zugeführt werden. Die Gruppe der Mineralstoffe kann man noch einmal unterteilen in Mengenelemente (von diesen wird ein bedeutendes Quantum täglich benötigt) und Spurenelemente (hiervon reichen oft schon ganz geringe Mengen im Mikrogrammbereich aus). Schließlich müssen noch die Vitamine in der Nahrung sein, von denen es fettlösliche und wasserlösliche gibt. Vitamine haben lebenswichtige Steuerfunktionen, dienen dem Sehvermögen, der Krankheitsabwehr oder dem Energiestoffwechsel.

- Eiweiße sind Baustoff, Energieträger und Wirkstoff zugleich.
- Fette sind die günstigste Energiequelle.
- Mineralstoffe bauen das Skelett auf und steuern lebenswichtige Vorgänge im Stoffwechsel
- Vitamine regeln unverzichtbare Lebensprozesse.

Wachsende Hunde benötigen spezielle Nahrung

Die moderne Tiermedizin hat die Besonderheiten des Hundestoffwechsels genau untersucht. So besteht heute die Möglichkeit, nicht allein den Energiebedarf eines heranwachsenden Hundes genau anzugeben, sondern auch seinen Bedarf an Kohlenhydraten, Eiweißen und Fetten sowie Mineralstoffen und Vitaminen. Dies ist entscheidend, wenn man das Ziel hat, durch eine artgerechte Bilanzierung von Nahrungsbestandteilen eine gesunde Hundeentwicklung zu fördern.

Ein gutes Beispiel dafür ist der Bewegungsapparat. Mit Hilfe von Messungen der Wachstumsgeschwindigkeit der Knochen, Röntgenaufnahmen des Bewegungsapparates, Bestimmungen der Knochendichte, Vergleich von vielen hundert gesund aufgewachsenen Hunden und weiteren Untersuchungsverfahren ist der Bedarf an Kalzium und Phosphor genau festgestellt worden. Aufgrund dieser Zahlen sind wissenschaftlich exakte Empfehlungen für die Versorgung mit diesen Mengenelementen möglich – und zwar jeden Monat im Leben eines wachsenden Hundes.

Wegen des hohen Bedarfs der Welpen an knochenaufbauenden Mineralstoffen liegt der Kalzium- und Phosphorbedarf in den ersten beiden Lebensmonaten rund viermal höher als beim erwachsenen Hund. Mit zunehmender Mineralisierung der Knochen nimmt er im Laufe des Wachstums stetig ab.

Um ein gleichmäßiges Knochenwachstum und eine gesunde Skelettentwicklung zu erreichen, kann die Versorgung mit Kalzium und Phos-

Ideal für Reisen: das Hundehaus zum Zusammenknöpfen

phor eigentlich nur durch eine ausgewogene, altersangepaßte Vollnahrung problemlos gewährleistet werden.

Eine Selbstherstellung von Hundenahrung ist wegen der möglichen Unter- oder Überversorgung mit lebenswichtigen Nährstoffen insbesondere bei Welpen sehr kritisch. So ist in „Eigenmischungen" das Kalzium/Phosphor-Verhältnis meist nicht korrekt ausbilanziert.

Die Wachstumsrate junger Hunde und die Unterschiede zwischen einzelnen Hunden werden übrigens nicht allein durch Erbanlagen bestimmt. Auch äußere Faktoren wie Ernährung, Klima oder Krankheiten sind wichtig. Eine optimale Gestaltung

der äußeren Einflußfaktoren kann das Wachstum im positiven Sinne beeinflussen – also eine artgerechte, angemessene Ernährung, gute Haltungsbedingungen und eine vernünftige Krankheitsverhütung, zum Beispiel durch Impfungen. Da es bei jedem Hund Unterschiede der äußeren Bedingungen gibt, variiert die Gewichtsentwicklung von Individuum zu Individuum ein wenig. Das bedeutet, daß es immer Abweichungen des altersentsprechenden Körpergewichtes von den wissenschaftlich ermittelten Durchschnittswerten gibt. Diese Unterschiede sind aber nicht nur von wissenschaftlichem Wert. In der Praxis ergeben sich

Harlekin-Zwergpudelhündin Lady Di vom Hammer Silberberg mit ihren fünf Welpen zeigt den ganzen Stolz einer Hundemutter

aus den natürlichen Differenzen bei der Wachstumsgeschwindigkeit Unterschiede beim Bedarf der wachsenden Hunde an Energie, Eiweißen und insbesondere auch Mineralstoffen. Dies muß bei der Ernährung von Welpen und Junghunden bedacht und einkalkuliert werden.

Das Verdauungssystem und der Stoffwechsel von Welpen weisen eine Reihe von Besonderheiten auf. Der Magen ist noch relativ klein, so daß nur eine begrenzte Menge Nahrung aufgenommen werden kann. Diese eingeschränkte Speicherfunktion des Magens macht eine häufige Nahrungsaufnahme notwendig.

Einige Körpergewebe beziehungsweise Organsysteme sind während der ersten Lebensmonate ganz besonders auf eine richtig zusammengesetzte Nahrung angewiesen, um sich so entwickeln zu können, wie es die Natur vorgesehen hat. Hierzu gehören Bewegungsapparat, Abwehrsystem, Fortpflanzungssystem, Haut und Fell sowie Lunge und Atemwege. Anders als das Herz-Kreislauf-System des jungen Hundes, das sich schon im Mutterleib fast vollständig entwickelt hat, reift beispielsweise der Bewegungsapparat erst später aus. So sind nach der Geburt zwar sämtliche Knochen beim Welpen angelegt und vorhanden, bestehen aber überwiegend noch aus Knorpel, also einem Gewebetyp, der zwar sehr elastisch ist, jedoch nur eine geringe Festigkeit

hat. Dieses bindegewebige Gerüst wandelt der Organismus nach und nach zum tragfähigen Knochen um, indem er Mineralstoffe – vor allem Kalzium und Phosphor – einlagert. So entwickelt der Junghund im Laufe vieler Monate die biologisch notwendige Festigkeit seiner Knochen. Solange bleibt den noch nicht voll mineralisierten Knochen die Möglichkeit, weiterzu wachsen. Erst gegen Ende der Wachstumsperiode des Hundes verschließen sich die Wachstumsfugen der Knochen, die bis dahin ein Längenwachstum ermöglicht haben.

Im gesamten Zeitraum der Knochenbildung muß also die Zusammensetzung der Nahrung optimal auf die Bedürfnisse des Knochenwachstums eingestellt sein. Junge Hunde haben keinen Schutzmechanismus vor überhöhter Kalziumzufuhr mit der Nahrung wie erwachsene Tiere.

Unter dem Einfluß von Hormonen wird ein eventueller Kalziumüberschuß überwiegend in den Knochen eingelagert, was im Endeffekt zu einer gesteigerten und gleichzeitig gestörten Verknöcherung führt. Die daraus resultierenden Skelettdeformierungen und Bewegungseinschränkungen sind im späteren Lebensalter nicht wiedergutzumachen. Die Empfehlung, Junghunden eine Kalziumergänzung – selbst bei Verwendung einer vollständigen und richtig bilanzierten Vollnahrung – zukommen zu lassen, ist wissenschaftlich nicht haltbar. Wegen der möglichen Gefahren ist die Gabe von kalziumreichen Nahrungsadditiven deswegen zu vermeiden.

– Wachsende Hunde haben einen höheren Energiebedarf.
– Das heranwachsende Skelett braucht mehr als doppelt so viele Mineralstoffe.
– Spezielle Welpennahrung deckt alle Bedürfnisse ab.

Fertignahrung ist hochwertig, sicher und bequem

Wie wir gesehen haben, benötigen Hunde sehr viele verschiedene Nährstoffe. Diese müssen nicht nur in der optimalen Menge, sondern auch im richtigen Verhältnis zueinander in der Nahrung sein. Hinzu kommen besondere Lebenssituationen wie Wachstum, Phasen hoher körperlicher Belastung, Trächtigkeit oder Alter. Jede dieser Situationen bringt veränderte Nährstoffansprüche mit sich. Verdaulichkeit und Schmackhaftigkeit des Futters sollen auch gewährleistet sein, damit der Hund den Napf leert. Wollten wir unserem Hund selbst die tägliche Nahrung bereiten, hätten wir das alles zu beachten. Wir müßten den Gehalt der Ausgangsmaterialien an Eiweißen, Fetten, Mineralstoffen und Vitaminen genau kennen. Wer jedoch mißt die Menge essentieller Aminosäuren oder den Vitamingehalt eines Stückes Fleisch?

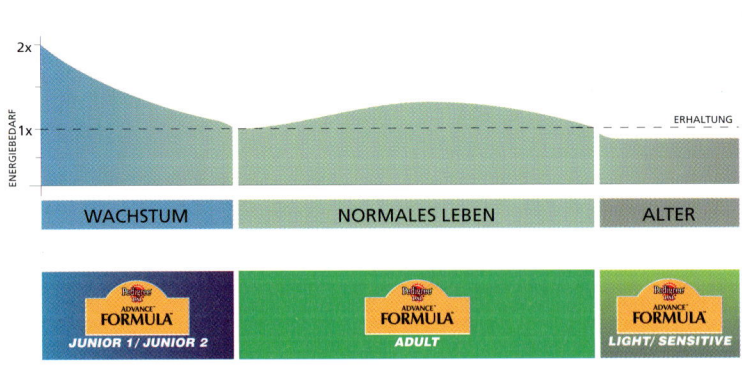

ALTERNATIVE MÖGLICHKEITEN
EINER AUSGEWOGENEN ERNÄHRUNG

WALTHAM ERNÄHRUNGSBERATUNG

© EFFEM GmbH

Vier braune Großpudel „vom Großen Wannsee" bei einer artistischen Vorführung

Wieviel Kalzium ist denn nun in der Messerspitze Futterkalk enthalten? Und was ist mit der Zeit, die wir für die tägliche Futterration unseres vierbeinigen Freundes benötigen würden?

Am sichersten ist die Verwendung qualitativ hochwertiger Fertignahrung, wie sie von verantwortungsbewußten, erfolgreichen Züchtern empfohlen wird. Alle Nährstoffe sind in richtiger Menge und optimalem Verhältnis enthalten. Man kann genau portionieren, die Fütterung ist sauber, schnell und bequem. Das deutsche Futtermittelrecht regelt die Zusammensetzung streng und genau. Es dürfen nur einwandfreie Rohmaterialien von gesunden Tieren und Pflanzen verwendet werden. Fertignahrung ist also der beste und sicherste Weg, unseren Hund richtig und gesund zu ernähren. Und schmecken wird es ihm ganz gewiß.

– Futterselbstzubereitung ist kompliziert, zeitraubend und erfordert Spezialkenntnisse.

– Fertignahrung ist sicher, hat hohe Qualität und erfüllt alle Nährstoffansprüche des Hundes.

Wichtige Tips zur Fütterung Ihres Hundes

1. Bei der Verwendung von Fertignahrungsmitteln, die als „Alleinfutter" deklariert sind, erhält Ihr Hund alle lebensnotwendigen Nährstoffe in ausgewogener Zusammensetzung für ein langes, gesundes Hundeleben.

2. Ein Welpe braucht zu Beginn seines Lebens etwa doppelt so viele

101

Nährstoffe und Energie wie ein ausgewachsener Hund, deshalb füttern Sie in der Wachstumsphase ein Fertigfutter, welches für wachsende Hunde bestimmt ist.

3. Verwenden Sie als Milchersatz für Saugwelpen nur spezielle Welpenmilchprodukte, Kuhmilch ist auf keinen Fall zu empfehlen, da sie nicht eiweiß- und fettreich genug ist und zu Durchfällen führen kann.

4. Achten Sie darauf, Futterumstellungen langsam und schrittweise über fünf Tage durchzuführen, so daß sich der Verdauungstrakt des Hundes an die neue Nahrung gewöhnen kann.

5. Füttern Sie stets zur gleichen Zeit und möglichst am gleichen Ort weder zu heiß noch zu kalt (nicht direkt aus dem Kühlschrank).

6. Bieten Sie ihrem Hund nur die Futtermenge an, die er auch auffrißt, keine Futterreste stehen lassen.

7. Frisches Wasser zum Trinken sollte Ihr Hund stets zur Verfügung haben.

8. Füttern Sie Fleisch bitte nur im abgekochten Zustand, bei der Fütterung von rohem Fleisch besteht Infektionsgefahr.

9. Bei der Verwendung eines hochwertigen Fertigfutters brauchen Sie keinerlei Zusatzstoffe oder Ergänzungsfuttermittel zusätzlich zu füttern.

10. Bei älteren Hunden ist die Futtermenge in 2–3 Mahlzeiten aufzuteilen. Die verwendeten Eiweiße müssen hochwertig und hochverdaulich sein.

Gesundheit

Vorbeugen ist besser als Heilen

Artgerechte Haltung, Pflege und Ernährung sind Voraussetzungen für die Gesundheit. Das seelische Wohlbefinden des Hundes ist so wichtig wie das körperliche. Der gesunde Hund nimmt aufmerksam und lebhaft Anteil an seiner Umgebung. Er ist kräftig und ausdauernd. In der Ruhe atmet er 10- bis 20mal, das Herz schlägt 70- bis 100mal in der Minute. Die Körpertemperatur liegt um 38,5 °C. Gesundheit ist nicht nur „Freisein von Krankheiten", sie schließt auch Widerstandskraft gegen Infektionen ein.

Das Haarkleid schützt nicht nur gegen Wind und Wetter, es ist auch Zeichen von Gesundheit. Stumpfes Haar, ständiger Haarausfall und starker Geruch deuten auf innere Erkrankungen hin. Die Haut soll frei von Schuppen und Rötungen sein, kein Juckreiz soll den Hund plagen.

Flöhe, Läuse und Haarlinge kann auch der gepflegteste Hund von einer Hundebegegnung mitbringen. Bei Juckreiz wird als erstes die Haut auf Flohstiche – bis zu linsengroße, geschwollene Rötungen – und das Fell auf Parasitenkot – kleine schwarze Pünktchen – abgesucht. Lieblingssitze der ungebetenen Gäste sind die Innenflächen der Hinterbeine, die „Achselhöhlen" und die Ohrmuscheln. Bei leichtem Befall genügt ein Flohpuder oder -spray. Wirksamer sind Waschlösungen, die das Fell bis auf die Haut benetzen, oder verschreibungspflichtige Mittel, die auf die Haut getropft werden und bis zu vier Wochen wirken. Das Ablecken solcher Mittel muß aber unbedingt verhindert werden. „Anti-Floh-Halsbänder" geben bis zu vier Monaten gas- oder puderförmige Wirkstoffe ab. In Hundehütten können bei einigen Halsbändern Giftgaskonzentrationen auftreten, die auch für den Hund bedenklich sind. Manche Halsbänder verlieren zudem durch Nässe an Wirksamkeit. Bei Flohbefall muß immer das Lager des Hundes mitbehandelt werden. Moderne Spezialmittel töten dabei nicht nur „erwachsene" Flöhe, sondern stoppen auch die weitere Entwicklung der Flohlarven. Hundedecken werden am besten ausgekocht, Teppiche regelmäßig gesaugt und Stroh in der Hütte gewechselt.

Zecken lassen sich aus dem Gebüsch auf den Hund fallen, beißen sich in der Haut fest und saugen sich mit Blut voll. Je länger sie saugen, de-

Die meisten Pudel sind wasserfreudig

sto größer ist in bestimmten verseuchten Gegenden die Gefahr, daß eine für Hunde gefährliche Infektionskrankheit, die Borreliose, übertragen wird. Deshalb sollten Zecken so rasch wie möglich entfernt werden. Sie dürfen aber nicht einfach ausgerissen werden, weil dabei die Beißwerkzeuge in der Haut steckenbleiben und Entzündungen verursachen können. Am besten erfaßt man die Zecke mit einer Spezialpinzette und hebelt sie drehend aus der Haut heraus. Auf keinen Fall darf eine Zecke mit Alkohol betäubt oder mit Öl erstickt werden. Im Todeskampf gibt sie ihren Speichel in die Blutbahn des Hundes ab und damit eventuell Erreger einer Infektion. Inzwischen gibt es, allerdings nur beim Tierarzt, ein Anti-Zecken- und -Flohhalsband, das den

Befall mit Zecken weitgehend und das Blutsaugen sicher verhindert.

Die Ohren sollten alle vier Wochen gereinigt werden. Mit Wattestäbchen kann man das Trommelfell zwar kaum verletzen, das Ohrenschmalz aber in der Tiefe zusammenstopfen. Besser ist ein alkoholischer Ohrreiniger, der randvoll ins Ohr eingegossen und bei zugedrückter Ohrmuschel durchmassiert wird. Das gelöste Ohrenschmalz kann der Hund dann selbst ausschütteln, vorzugsweise im Freien.

Dunkle, übelriechende Beläge im Ohr zeigen eine Entzündung an. Meist wird sich der Hund dann auch am Ohr oder – scheinbar – am Halsband kratzen und den Kopf schütteln. Ursache des „Ohrenzwanges" können Ohrenmilben, Grasgrannen oder andere Fremdkörper sowie Bakterien und Pilze sein. Wenn zwei- bis dreimalige gründliche Reinigung mit dem Ohrreiniger keine Besserung bringt, ist eine gezielte Behandlung erforderlich.

Die Augen werden mit einem Stückchen Mullbinde oder einem Taschentuch vom „Schlaf" gereinigt. Fusseln von Watte oder Papiertaschentüchern reizen die Schleimhäute. Bindehautentzündungen können auch durch Zugluft, Staub oder starke Sonne verursacht werden. Zur Linderung werden Augentropfen in den heruntergezogenen Bindehautsack geträufelt. Borwasser wird heute nicht mehr verwendet, weil feine Kristalle als Fremdkörper wirken können. Länger andauernder wäßriger, schleimiger oder eitriger Augenausfluß sollte nicht mit Hausmitteln kuriert werden. Es könnte eine Infektion vorliegen. Wucherungen auf der Rückseite der Nickhaut müssen meist operativ behandelt werden.

Die Zähne werden durch Hundekuchen oder Knochen ausreichend gereinigt. Auch die Tortur des Zähneputzens kann Zahnstein kaum verhindern. Zur Entfernung weicher Beläge eignet sich am ehesten ein Wattebausch, getränkt mit dreiprozentiger Wasserstoffsuperoxydlösung. Zahnstein ist ein fest anhaftender brauner Belag aus verhärteten Salzen. Fauliger Mundgeruch durch Zahnfleischentzündungen und -vereiterun-

gen sowie Zahnausfall sind die Folgen. Zahnstein sollte frühzeitig fachkundig entfernt werden.

Lose Zähne müssen gezogen werden. Da der Hund keine Beute jagen, festhalten oder zerreißen muß, kann er auf schmerzende Zähne gut verzichten. Nach Entfernung der Eiterherde wird er sich auch allgemein wohler fühlen, denn sie können den Körper vergiften und zum Beispiel chronische Herzklappenentzündungen auslösen.

Die Analbeutel sollen eigentlich bei jedem Kotabsatz eine individuelle Duftmarke zur Revierkennzeichnung hinterlassen. Infolge der Domestikation funktioniert die Entleerung häufig nicht richtig. Sekretstauungen sind die Folge; den Juckreiz versucht der Hund vergeblich durch Rutschen auf dem After zu beseitigen. Dieses „Schlittenfahren" ist entgegen landläufiger Vermutung fast nie auf Wurmbefall zurückzuführen. Stark gefüllte Analbeutel müssen fachkundig ausgedrückt, vereiterte müssen tierärztlich behandelt werden.

Die Krallen werden nur bei regelmäßigem Auslauf auf hartem Untergrund ausreichend abgelaufen. Nur bei krankhaftem Hornwachstum oder Stellungsfehlern müssen sie geschnitten werden. Dabei soll die in der Kralle verlaufende Ader nicht verletzt werden. „Wolfskrallen", Überbleibsel der an sich verkümmerten fünften Zehe an Vorder- und Hinterläufen, können bei Verletzungen stark bluten. Sie sollten vorsorglich amputiert werden. Das geschieht üblicherweise schon bei neugeborenen Welpen.

Erste Hilfe tut not

Hautverletzungen müssen genau inspiziert werden. Oberflächliche Abschürfungen und Schrunden können mit Hausmitteln behandelt werden. Auf jeden Fall werden im Bereich der Verletzungen die Haare mit einer gebogenen Schere kurz abgeschnitten. Sie verkleben sonst mit dem Wundsekret; Vereiterung ist die Folge. Die Wunde wird mit Wundgel, -spray oder -tinktur behandelt. Fetthaltige Salben behindern den heilungsfördernden Luftzutritt, Puder verkrustet.

Bei tieferen Wunden mit Durchtrennung der Haut sollte umgehend ein Tierarzt hinzugezogen werden. Bei Beißereien und Stacheldrahtverletzungen wird die Haut oft vom Körper losgerissen, so daß tiefe Taschen zu versorgen sind. Von Fall zu Fall ist zu prüfen, ob eine „offene Wundbehandlung" oder eine Naht besser ist. Nur frische Wunden können mit Aussicht auf komplikationslose Heilung genäht werden.

Eine offene, aus der Tiefe nässende oder eiternde Wunde darf der Hund belecken. In allen anderen Fällen wird die Wundheilung behindert, weil die zarten Heilungszellen am Wundrand gestört werden. Das Belecken von Wunden und das Abreißen von Verbänden können durch einen Halskragen verhindert werden. Aus einem passenden Kunststoffeimer wird der Boden herausgeschnitten. Die Schnittkanten werden abgepolstert, an vier Stellen durchlöchert und mit Bindfäden versehen, die am Lederhalsband festgebunden werden.

Wundstarrkrampf ist beim Hund selten. Impfungen sind daher nicht üblich. Zur Vorbeugung sollen Wunden ausbluten und nicht luftdicht abgedeckt werden. Wenn größere Adern verletzt sind, kommt es zu andauernden, starken Blutungen. Häufig tritt Blut im Strahl aus. Dann muß zur Ersten Hilfe ein Druckverband angelegt werden. An ungünstigen Körperstellen wie am Kopf kann auch von Hand eine Kompresse aufgedrückt werden. Gliedmaßen können abgebunden werden, die Abbindung muß aber viertelstündlich kurz gelöst werden. In solchen Fällen ist stets umgehend tierärztliche Hilfe erforderlich.

Unfälle können auch zu inneren Verletzungen und Gehirnerschütterungen führen. Bei Bewußtseinstrübungen soll nie Flüssigkeit eingeflößt werden. Die Maulschleimhaut kann aber mit Kaffee, Tee oder auch einfach mit Wasser befeuchtet werden. Der Hund wird vorsichtig getragen oder seitlich mit tiefliegendem Kopf und herausgezogener Zunge auf einer

Decke gelagert, die, von zwei Personen an den Ecken strammgezogen, auch als „Tragbahre" dient. Am Unfallort sind meistens die Diagnose und vor allem eine wirksame Schockbehandlung erschwert. Telefonisch sollte zur Vermeidung unnötiger Wege und Zeiten ein dienstbereiter Tierarzt verständigt und umgehend aufgesucht werden.

Lahmheiten können viele Ursachen haben. Als erstes wird die Pfote untersucht. Dornen oder Splitter werden ausgezogen. Verfilzte Haare drücken zwischen den Ballen wie ein Stein im Schuh; sie werden daher vorsichtig ausgeschnitten. Wunde Stellen werden wie Hautverletzungen behandelt. Im Winter müssen Streusalzreste von den Pfoten abgewaschen werden. Bei Krallenbettentzündungen können warme Kamillen- oder Seifenbäder Linderung bringen. Lose Krallenteile werden an der Bruchstelle beherzt abgeschnitten. In vielen Fällen ist ein Verband erforder-

Ein Großpudelpaar (Love-Story vom Karolineneck und Erique vom Walddorf) und zwei Windhunde warten auf ihren Auftritt im Musical „My Fair Lady", Städtische Bühnen Augsburg

lich. Er muß fachkundig angelegt werden, um Druckstellen zu vermeiden.

Bei Schwellungen, Prellungen und Verstauchungen kann das Fell des betroffenen Körperteils mehrmals täglich mit kaltem Wasser durchnäßt werden. Das wirkt wie ein Kühlverband, lindert den Schmerz und hemmt – frühzeitig angewendet – weitere Schwellungen. Wenn ein Bein überhaupt nicht belastet wird, besteht Verdacht auf Knochenbruch. Bei stark abnormer Beweglichkeit können die Gliedmaße durch eine Notschiene ruhiggestellt werden.

Andauernde, wiederkehrende oder sich verschlimmernde Bewegungsstörungen sind stets ein Fall für den Tierarzt. Das Humpeln auf einem Hinterbein wird nicht selten durch eine Ausrenkung der Kniescheibe oder durch Riß von Bändern bedingt, die operativ fixiert werden müssen.

Vergiftungen sind meist „Unglücksfälle" und nur selten böse Absicht. Rattengift kann bei unsachgemäßem Auslegen direkt, aber auch mit vergifteten Nagetieren aufgenommen werden. Meist handelt es sich um Cumarinpräparate, die zu inneren Blutungen führen. Vorsicht ist auch bei Schädlings- und Unkrautbekämpfungs- sowie bei Frostschutzmitteln geboten. Hochgiftige Thallium-, Zinkphosphid- und Arsenzubereitungen, Blausäure und Strychnin

sind heute gottlob kaum noch erhältlich. Die besten Überlebenschancen bestehen, wenn man „nach frischer Tat" das Gift wieder aus dem Magen herausbefördern kann. Der Tierarzt kann Erbrechen durch eine Spritze auslösen, der Laie durch Eingeben von zwei bis drei Teelöffeln Salz. Nach dem Erbrechen kann eine Aufschwemmung von etwa zehn Kohlekompretten eingeflößt werden. Milch wird nicht gegeben, weil verschiedene Gifte fettlöslich sind. Etwa vorhandene Hinweise auf die Art des Giftes ermöglichen eine rechtzeitige, gezielte tierärztliche Behandlung. Ungewisser sind die Aussichten, wenn Vergiftungsfolgen wie Krämpfe, Mattigkeit oder Brechdurchfall schon eingetreten sind, die Ursache aber nur vermutet werden kann. Eine genaue Diagnose ist oft erst durch Spätschäden wie Blutungen oder Haarausfall möglich. Dann kann es für eine Rettung bereits zu spät sein.

Durchfall ohne Fieber bessert sich häufig nach einem Fastentag: Der Hund erhält ausschließlich stark verdünnten Tee mit einer Prise Salz, aber ohne Zucker. Zur Geschmacksverbesserung ist Süßstoff erlaubt. Zusätzlich ist es nie verkehrt, eine Aufschwemmung von Kohlekompretten einzugeben. Keinesfalls darf Durchfall mit Wasserentzug „behandelt" werden; der Körper würde zu stark austrocknen. Am zweiten Tag erhält der Hund in kleinen Portionen ein Diätfutter, zum Beispiel Beefsteakhack, Schmelzflocken und rohen geriebenen Apfel. Am dritten Tag muß der Kot zumindest wieder dickbreiig sein.

Verstopfungen lassen sich oft durch rohe Leber oder Milz oder einige Teelöffel süßer Dosenmilch beheben. Bei krampfhaft vergeblichem Drängen kann ein Mikroklistier Erfolg bringen. Bei einer Verhärtung von Knochenteilen im Enddarm hilft allerdings meist nur ein fachgerechter Einlauf.

Erbrechen ist keine selbständige Krankheit. Einmaliges Erbrechen kann durch zu hastiges Fressen, zu kaltes Futter oder Aufnahme von Fremdkörpern ausgelöst werden. Gelegentliches Erbrechen ist beim Hund ohne große Bedeutung. Um zu erbrechen frißt der Hund häufig Gras. Geschieht das regelmäßig oder wird ständig das Futter erbrochen, muß ein Tierarzt hinzugezogen werden. Auch Durchfall und Erbrechen mit Fieber sind kein Fall für Hausmittel.

Scheinschwangerschaft tritt bei manchen Hündinnen etwa acht Wochen nach der Läufigkeit auf. Sie sind unruhig, „bemuttern" irgendwelche Gegenstände, fressen schlecht und erbrechen gelegentlich. Das Gesäuge schwillt, Milch bildet sich. Abhilfe schafft häufig wenig Fressen und Trinken bei viel Bewegung und Beschäftigung. Das Gesäuge kann mehrmals täglich mit kaltem Wasser befeuchtet werden, um Schwellung und Milch-

produktion zu hemmen. Keineswegs soll die Milch ausgedrückt werden. Damit würde nur die weitere Milchbildung angeregt. Bei sehr starker Gesäugeschwellung und trotz Hausmitteln nicht nachlassenden Erscheinungen muß der Tierarzt verständigt werden.

Insektenstiche, vor allem durch das Schnappen nach Wespen und Bienen verursacht, können schnell zu erheblichen Schwellungen am Kopf oder, noch schlimmer, im Rachen führen. Äußerliche Kühlung mit Eiswürfeln und eine Tablette gegen Allergie ersparen oft nicht die möglichst rasche tierärztliche Behandlung.

Alarmzeichen

Fieber ist eine Abwehrreaktion des Körpers, meist auf Infektionen. Die Hundenase kann auch beim kranken Hund feucht und kühl sein. Die Temperatur muß mit einem Fieberthermometer (je nach Modell bis zu fünf Minuten) im Mastdarm gemessen werden. Sie darf nicht über 39 °C liegen. Untertemperaturen unter 37,5 °C entstehen infolge einer Reduzierung der Stoffwechselvorgänge häufig vor dem Tod.

Husten, als ob ein Knochen im Hals säße, tritt bei Mandelentzündungen auf. Ernstere Infektionen wie Zwingerhusten oder gar Staupe könnten auch vorliegen. Pumpende Atmung entsteht durch eine Lungenent-

Erste Dressurreitstunde für Großpudelhündin Carmencita vom Bergischen Löwen

zündung, aber auch durch Wasseransammlung in der Lunge, zum Beispiel infolge von Vergiftungen. Bei alten Hunden kann der damit verbundene Husten auch auf eine Herzschwäche zurückzuführen sein. Bauchpressen und Aufblasen der Backen sind Zeichen höchster Atemnot.

Schleimhäute im Auge und im Fang geben Hinweis auf innere Erkrankungen: Blässe deutet auf Blutarmut hin, Gelbfärbung auf Leberschäden mit Gelbsucht, Blutun-gen auf schwere Infektionen oder Vergiftungen, eine bläuliche Färbung tritt bei Herz- und Kreislaufschwäche auf.

Kot und Urin mit Blutbeimen-gungen lassen krankhafte Verände-rungen erkennen. Bei Blutungen im Magen und in den vorderen Darm-abschnitten kann der Stuhl durch das verdaute Blut pechschwarz aussehen. Nierenerkrankungen können auch mit erhöhtem Durst verbunden sein. Wenn Mattigkeit und Mundgeruch hinzukommen, ist meist bereits eine Harnvergiftung eingetreten. Harnsteine, Blasenriß oder Vergiftungen können dazu führen, daß überhaupt kein Urin mehr abgesetzt wird; dann besteht höchste Gefahr. Geschwülste, Prostatavergrößerungen und Mastdarmveränderungen erschweren den Kotabsatz. Verhärtete Knochenteile können den Enddarm völlig verstopfen. Erbrechen und zunehmende Mattigkeit bei fehlendem Kotabsatz sprechen für Darmverschluß oder einen Fremdkörper im Darm.

Speicheln wird im harmlosesten Fall durch Fremdkörper in der Maulhöhle oder durch lose Zähne verursacht, bedenklicher wäre eine E 605-Vergiftung oder Pseudowut, schlimmstenfalls ist an Tollwut zu denken.

Umfangsvermehrungen des Bauches bei sonst normalem Ernährungszustand oder zunehmende Abmagerung können durch Tumore oder Bauchhöhlenwasser hervorgerufen werden. Bei einer Gebärmuttervereiterung besteht gleichzeitig fast immer starker Durst, gelegentlich auch Scheidenausfluß. Eine plötzliche Aufblähung des Bauches mit Kolik und Kreislaufschwäche, bedingt durch eine Magendrehung, erfordert unverzügliche Operation. Eine Entzündung der Kaumuskeln mit Schwellung und Verhärtung sowie hervortretenden Augäpfeln muß sofort tierärztlich behandelt werden.

Infektionen bedrohen die Gesundheit

Staupe und ansteckende Leberentzündung (Hepatitis) sind Viruskrankheiten, die für Junghunde besonders gefährlich sind, aber auch ältere Hunde befallen. Staupe beginnt mit einem häufig kaum merkbaren, kurzen Fieber, dem nach etwa acht Tagen eine schwere Lungenentzündung mit eitrigem Augen- und Nasenausfluß oder ein Durchfall folgt. Eine besondere Verlaufsform ist mit einer Verhärtung der Ballen verbunden. Nach scheinbarer Besserung treten nervöse Erscheinungen bis hin zu Krämpfen auf, die meistens zum Tod führen. Nach überstandener Staupe bleibt häufig ein nervöses Zucken der Kopfmuskeln, der „Staupetick", nach Erkrankungen im Junghundealter das „Staupegebiß" mit erheblichen Zahnschmelzdefekten zurück. Die ansteckende Leberentzündung verläuft ähnlich, mit hohem Fieber, Apathie und Appetitlosigkeit. Hornhauttrübungen können bleibende Folgeschäden sein.

Stuttgarter Hundeseuche (Leptospirose) wird durch Bakterien verursacht und von Hund zu Hund übertragen. Sie beginnt häufig mit einer Schwäche in den Hinterbeinen. Geschwüre im Maul, Magen und Darm sind mit aasartig-faulem Maulgeruch und blutigem Durchfall verbunden.

Tollwut tritt bei Hunden nur noch selten auf. Die Seuche wird vor allem durch Füchse übertragen. Hinweisschilder warnen in gefährdeten Gebieten vor Tollwut. Die Krankheit ist besonders tückisch: Die typischen Wuterscheinungen mit heiserem Gebell, Wasserscheue, Unruhe und unmotivierter Beißwut fehlen häufig. Die „stille Wut" ist im Anfangsstadium schwer zu erkennen. Ein erkranktes Tier stirbt immer.

Parvovirose ist eine Viruskrankheit, die sich bei Hunden aller Altersgruppen in schweren, durch Erbrechen und Durchfall gekennzeichneten Erkrankungen äußert. Bei Welpen kann plötzlicher Herztod auftreten. Der Erreger ähnelt dem Katzenseuchevirus; eine wechselseitige Ansteckung zwischen Hund und Katze ist jedoch nicht möglich. Die Ansteckung erfolgt über Ausscheidungen von Hund zu Hund, aber auch durch Verschleppung angetrockneter Ausscheidungen, zum Beispiel an Kleidungsstücken.

Impfungen schützen vor diesen Infektionskrankheiten

Welpen in gefährdeten Zuchten oder ungeimpfte Hunde mit verdächtigen Krankheitserscheinungen können mit einem Serum behandelt werden, das fertige spezifische Abwehrstoffe enthält. Diese „passive Immunisierung" schützt aber nur für zwei bis drei Wochen. Der Käufer eines Hundes sollte den Impfpaß daraufhin genau prüfen.

Länger dauernden Schutz vermittelt nur die „aktive" Schutzimpfung. Dabei werden abgeschwächte oder abgetötete Infektionserreger eingeimpft. Der Körper reagiert darauf mit der Bildung eigener Abwehrstoffe. Bei den heute üblichen Kombinationsstoffen kennzeichnen die Buchstaben S, H, L, T und P die Wirksamkeit gegen die in Frage kommenden Seuchen. Welpen werden mit sechs bis acht Wochen das erste Mal geimpft und müssen dann mit etwa zwölf Wochen nach Impfplan nachgeimpft werden. Bei älteren Hunden genügt eine einmalige Grundimmunisierung.

Der einmal gebildete Impfschutz baut sich im Laufe der Zeit ab. Kommt der Hund mit betreffenden Seuchenerregern in Berührung, so wird die Antikörperbildung aufgefrischt. Ist der Impfschutz aber bereits zu stark abgesunken, kann der Hund erkranken. Deshalb sind Auffrischungsimpfungen im Abstand von ein bis zwei Jahren erforderlich. Gegen die seit einiger Zeit wieder in bedrohlichem Umfang auftretende Staupe ist die **jährliche** Impfung dringend zu empfehlen, zumal bei einigen Kombinationsimpfstoffen der Staupeschutz ein Schwachpunkt zu sein scheint.

Drei Großpudel „vom Großen Wannsee" zeigen ihr artistisches Können. In der Mitte Cobold, mit langem, fast unbeschnittenem Fell, wie es für seine Rolle in der Fernsehserie „Freunde fürs Leben" verlangt wurde

Ein sicherer Impfschutz des Hundes ist auch für den Menschen wichtig. Erkrankte Hunde können Leptospiren übertragen, die beim Menschen das „Canicola-Fieber" oder die „Weilsche Krankheit" hervorrufen. Hundetollwut ist wegen des engen Kontaktes für Menschen viel gefährlicher als Wildtollwut. Geimpfte Hunde übertragen keine Tollwut. Nach einem Kontakt mit verdächtigem Wild brauchen sie deshalb auch nicht getötet zu werden, wie dies für ungeimpfte Hunde gesetzlich vorgeschrieben ist.

Gegen andere Infektionen schützt Vorsicht

Toxoplasmose wird durch einzellige Schmarotzer hervorgerufen. Ihr Stammwirt ist die Katze. Bei anderen Tieren werden ansteckungsfähige Dauerformen gebildet. Hunde erkranken überwiegend durch infiziertes Schweinefleisch. Für die Ansteckung des Menschen wurden sie früher zu Unrecht verantwortlich gemacht.

Aujeszkysche Krankheit wird ebenfalls durch Schweinefleisch übertragen. Unstillbarer Juckreiz, Unruhe, Ängstlichkeit und Speichelfluß haben gewisse Ähnlichkeit mit Tollwut. Die Krankheit wird daher auch „Pseudowut" genannt. Schweinefleisch und in der Zusammensetzung unbekannte Fleischmischungen, zum Beispiel

aus Supermärkten, müssen deshalb gut durchgekocht werden. Fertigfutter und Rindfleisch sind dagegen unbedenklich.

Zwingerhusten tritt vor allem in Tierheimen und Hundehandlungen auf. Unter begünstigenden Umständen lösen Viren und Bakterien gemeinsam Entzündungen von Luftröhre und Bronchien aus. Kennzeichnend ist ein kurzer, trockener Husten. Sekundärinfektionen können den Krankheitsverlauf verschlimmern. Während des Urlaubs sollte man seinen Hund nicht in unbekannte Heime oder Pensionen geben oder ihn vorsorglich auch gegen Zwingerhusten impfen lassen.

Wurmkuren gegen unerwünschte Kostgänger

Spulwürmer können bei Junghunden zu Verdauungs- und Entwicklungsstörungen, zu Vergiftungserscheinungen und sogar zum Tod führen. Fast alle Welpen werden im Mutterleib mit Spulwürmern infiziert. Die ersten Wurmkuren soll schon der Züchter durchführen. Junghunde werden vierteljährlich entwurmt. Ältere Hunde beherbergen nur noch einzelne Würmer. Sie richten zwar keinen großen Schaden an, sind aber eine ständige Infektionsquelle. Hündinnen sollten zumindest sechs Wochen nach jeder Läufigkeit, Rüden mindestens einmal jährlich entwurmt werden. Bei festgestelltem Wurmbefall ist eine sofortige Entwurmung mit einer Wiederholungsbehandlung nach zwei bis drei Wochen erforderlich. Rohe Möhren garantieren keine Wurmfreiheit. Wirksame und verträgliche Mittel sind verschreibungspflichtig. Sie wirken auch gegen andere Rundwurmarten, zum Beispiel gegen Hakenwürmer.

Spulwürmer sind auf ihre Wirtstierarten spezialisiert; wenn der Mensch Hundespulwurmeier aufnimmt, schlüpfen zwar Larven und beginnen ihre Wanderung im Körper, sie bleiben jedoch in Organen oder Muskeln stecken und können dort schmerzhafte Entzündungen verursachen. Besonders gefährdet sind „Krabbelkinder". Wurmkuren dienen daher auch dem Gesundheitsschutz der Familie.

Bandwürmer brauchen für ihre Entwicklung stets einen Zwischenwirt. Für den Hundebandwurm ist dies der Floh. Er nimmt die Wurmeier auf, aus denen sich eine Finne entwickelt. Der Hund „knackt" den Floh, die Finne wächst im Hundedarm zum fertigen Bandwurm aus. Mit dem Kot erscheinen nach geraumer Zeit einzelne kürbisförmige, anfangs noch bewegliche Bandwurmglieder oder ein längeres, deutlich gegliedertes Wurmende.

Es gibt heute neben speziellen Spulwurm- und Bandwurmmitteln auch Präparate, die gegen beide Parasitenformen wirksam und dabei gut verträglich sind. Empfehlenswert ist eine systematische vierteljährliche Bandwurmbehandlung des Hundes. Zur Bandwurmkur gehört stets eine Flohbehandlung von Hund und Lager.

Besonders bei Jagdhunden kann auch der „gesägte Bandwurm" auftreten, dessen Zwischenwirte Hasen und Kaninchen sind. Andere Bandwurmarten, die durch Fisch oder Wild, Rinder- oder Schafeingeweide übertragen werden, kommen seltener vor. Dazu zählt der „dreigliedrige Bandwurm", der auch dem Menschen gefährlich werden kann. Der Hund sollte zur Vorbeuge keine rohen „Konfiskat"-'Innereien erhalten und daran gehindert werden, Kadaver von Wildtieren anzufressen. Für Menschen besonders gefährlich ist der vor allem in einigen Gegenden Mittel- und Süddeutschlands verbreitete „Fuchsbandwurm", der auch durch Hunde übertragen werden kann. Neben regelmäßigen Bandwurmkuren ist es die beste Vorbeuge, den Hund in Wald und Flur anzuleinen.

Gefahren für die menschliche Gesundheit?

Impfungen und Wurmkuren schränken Ansteckungsgefahren ein. Hygiene tut ein übriges: Selbstverständlich hat der Hund sein eigenes Lager und Futtergeschirr; beides ist peinlich sauber. Rasen und Wege werden von Hundekot freigehalten. Der Hund

Drei Hunde aus dem Zwinger „vom Hammer Silberberg" zu einem bunten Bild vereint. Von links nach rechts: Zwergpudelhündin in Black and Tan, Großpudelhündin in Silber, Harlekin-Zwergpudelrüde

wird so erzogen, daß er das Gesicht nicht ableckt. Das Belecken der Hände ist Ausdruck seiner Zuneigung. Man darf sie dulden, denn man kann sich die Hände anschließend waschen. Vorsichtige können Lager, Hütte und andere hygienegefährdete Stellen und Gegenstände regelmäßig desinfizieren. Die Mittel sollen gegen Viren, Bakterien und Pilze wirken. Zur Schnelldesinfektion eignet sich ein „Desinfektspray", der auch Ektoparasiten abtötet.

Besonders angezeigt sind solche Maßnahmen, wenn der Hund eiternde Wunden, Ekzeme, Furunkel oder eine Vorhaut-, Zahnfleisch- oder Mandelentzündung hat. Diese Infektionen sind konsequent zu behandeln. Eitererreger können auch beim Menschen Komplikationen verursachen. Vorsicht ist stets bei schlecht heilenden oder sich ausbreitenden Ekzemen geboten: Räudemilben sind zwar auf Tierarten „spezialisiert", können jedoch auch beim Menschen juckende Hautrötungen verursachen. Hautpilzinfektionen sind auf Menschen übertragbar. Daher sollte man umgehend eine Spezialuntersuchung und

Behandlung veranlassen. Pilzinfektionen entstehen nur, wenn sich die Erreger länger als 12 bis 24 Stunden auf der menschlichen Haut einnisten können. Gründliches Waschen bannt die Gefahr. Zusätzliche Sicherheit bietet ein Handdesinfektionsmittel, das nach Berührung verdächtiger Stellen oder Ausscheidungen in die Hände eingerieben wird.

Allergien sind auch durch größte Sauberkeit nicht immer zu vermeiden. Einige Menschen reagieren bei Kontakt mit Tierhaaren und -hautteilen mit Ausschlägen oder Atembeschwerden. Katzen, Meerschweinchen und Vögel sind viel öfter als Hunde die Auslöser; viele andere pflanzliche und tierische Stoffe kommen hinzu. Die Allergieursache kann von einem Hautarzt durch Spezialtests auf der Haut ermittelt werden. Auf Verdacht braucht also kein Hund abgeschafft zu werden. Und vor der Anschaffung eines Pudels brauchen auch gesundheitsbewußte Hundefreunde nicht zurückzuschrecken.

Der Pudel im Alter

Der alte Pudel braucht unsere besondere Aufmerksamkeit und Zuneigung. Von Jugend an hat er uns begleitet, kennt alle unsere Gewohnheiten und Eigenarten und hat sich ihnen im Laufe seines Lebens angepaßt. Jetzt ist es an uns, ihm für die langen schönen Jahre mit Fürsorge zu danken.

Er kann nun nicht mehr so leicht Schritt halten mit dem gewohnten Tagesablauf. Sein Bewegungsdrang verringert sich, und das Schlafbedürfnis nimmt zu. Die Sinnesorgane büßen an Schärfe ein. Die Augen werden trübe, es stellt sich Schwerhörigkeit bis zur Taubheit ein, und auch der Geruchs- und Geschmackssinn werden schwächer.

Wenn solche ersten Anzeichen auftreten, sollten wir einen Tierarzt aufsuchen und unseren Pudel gründlich untersuchen lassen. Der Tierarzt stellt vielleicht ein altersbedingtes Leiden fest, für das es gute Behandlungsmöglichkeiten gibt, die unserem Pudel die Lebensfreude erhalten, verbessern oder verlängern können.

Die Ernährung des alternden und alten Pudels ist von großer Wichtigkeit. Am besten geeignet ist Futter, das die Tiernahrungsmittelindustrie für alte Hunde anbietet. Auf keinen Fall sollte er Knochen bekommen. Die Verdauung funktioniert nicht mehr so gut, und es könnte zu einer Knochenkotverstopfung kommen.

Die Todesursache der meisten Hunde ist nicht Altersschwäche, sondern die Folge veralteter Leiden oder Krankheiten. Zeigt unser Pudel eine so schlechte Allgemeinverfassung, daß ihm das Leben zur Qual wird, und verursacht sein altes Leiden oder eine akute Krankheit einen Verfall, der nicht aufzuhalten ist, dann sollten wir unserem Hund die letzte Hilfe leisten und ihn durch den Tierarzt einschläfern lassen. Dieser Gang ist schwer zu gehen, aber die Gewißheit, unserem Freund schweres Leiden erspart zu haben, hilft über den Schmerz hinweg.

Anhang

Anschriften, die Sie kennen sollten

Die Dachorganisation in Deutschland, die mit den ihr angeschlossenen Rassehunde-Zuchtverbänden als Vollmitglied der Internationalen Weltdachorganisation, der Fédération Cynologique Internationale (FCI) angehört, ist der

Verband für das Deutsche
Hundewesen e. V. (VDH)
Hauptgeschäftsstelle
Westfalendamm 174
44141 Dortmund

Dem VDH und damit der FCI sind folgende Pudelklubs Deutschlands angeschlossen:

Deutscher Pudel-Klub e. V. (DPK)
Hauptgeschäftsstelle
Am Dock 1
26789 Leer

Verband der Pudelfreunde
Deutschland e. V. (VDP)
Hauptgeschäftsstelle
Dorfstraße 27
21517 Wohltorf

Pudel-Zucht-Verband 82 e. V. (PZV 82)
Hauptgeschäftsstelle
Alter Weg 3
57520 Niederdreisbach

Allgemeiner Deutscher
Pudelklub e. V. (ADP)
Hauptgeschäftsstelle
Lothstraße 90
80797 München

Diese Vereinigungen geben in allen Fragen, die den Pudel betreffen, gern Auskunft und weisen auch die Anschriften der örtlichen Gruppen nach.

Bildnachweis

Seite 2
Fotostudio ELFRIEDE LIEBENOW, Hamburg

Seiten 10
DR. BRIGITTE MÜLLER, Köln

Seiten 20, 54
RAINER NELL, Hamburg

Seite 27
CHRISTA SCHOLZ, Leipzig

Seite 31
PETER KRÄMER, Berlin

Seite 41
FOTO-WIRTH, Calw

Seiten 42, 46, 76, 78 (u.), 97, 98, 116
DIETER LESINSKI, Hamm

Seiten 44, 62
HARALD DOMKE, Neversdorf

Seite 65
SIGRID LODDERSTEDT, Hamburg

Seite 70
ROBERTO TIERFOTOGRAFIE, Gronau

Seiten 72, 73
KLAUS BECKER, Hamburg

Seite 75
MANFRED BENGTSON, Geesthacht

Seite 78 (o.)
SYLVIE MANGEONNEAUX, Schloß Sauveterre
(Frankreich)

Seite 80
ELKE OHLSEN, Hamburg

Seite 82
HANS GEORG FEUERSTEIN, Hamburg

Seite 86
V. RAABY, Holte (Dänemark)

Seite 89
DR. HERBERT STARK, Reichenau

Seiten 91, 101
DIETER JAEGER, Potsdam

Seiten 95, 110
SABINE WEHNER, Gerolshausen

Seiten 104
FRIEDRICH THIELECKE, Berlin

Seite 107
GÜNTHER DERINGER/Städt. Bühnen Augsburg

Die übrigen Abbildungen stammen aus dem
Archiv der Verfasserin

Dankeschön

für die freundliche Unterstützung, „Historisches" über den Pudel in diesem Buch aufnehmen zu können, den Damen: Dipl.-Ing. Irmgard Arnold, Hamburg; Dr. Barbara Lauck, Freiburg; und Frau Lieselotte Eckstein, München, für die Überlassung der Standardbeschreibung Harlekin- und Black and Tan-Pudel, sowie Herrn Horst Obermann, Hagenow, für seine kompetente Beratung bei der Abfassung „Pudelzucht in der ehemaligen DDR".

Die Zeichnungen auf den Seiten 35 und 38 wurden von Frau Gisela Jahrmärker, Berlin, gefertigt.

Literatur

HÜTHER, CLAUDIUS, 1907: Der Deutsche
  Pudel
KLEVER, ULRICH, 1960: Keysers Hundebrevier
LOCKWOOD, BARBARA, and SHELDON,
  MARGARET, 1968: Poodle Guide
JEANCOURT-GALIGNANI, MADELEINE,
  1972: Les Caniches et leur élevage
FIORONE, FIORENZO, 1976: Il Barbone

Schriften der Jakob v. Uexküll
  Gesellschaft für Qualitätsausbildung
  von Blindenführhunden e. V. (JUG) –
  78479 Insel Reichenau
Aus „PIN" Pudel-Inter-National –
  Mitteilungsblatt des PZV 82, Ausgabe III/95 „Rettungshund Cobold
  vom Grossen Wannsee, erzählt von
  SABINE WEHNER, 97256 Gerolshausen"

Weiterführende Literatur aus dem Parey Buchverlag

BEYERSDORF, P., 1993: Dein Hund auf Ausstellungen. 2. Auflage

BURTZIK, P., 1996: Erziehung und Ausbildung des Hundes. 5. Auflage

FIEDELMEYER, L., 1983: Kauf, Pflege und Fütterung des Hundes. 3. Auflage

HEGENDORF, 1980: Der Gebrauchshund. Haltung, Ausbildung und Zucht. 14. Auflage

KOBER, U., PEPER, W., 1995: Pareys Hundebuch. 2. Auflage

POORTVLIET, R., 1987: Mein Hundebuch. 2. Auflage

QUEDNAU, F., 1987: Rechtskunde für Hundehalter

SCHMIDTKE, H.-O., 1984: Gesundheitsfibel für Hunde. 2. Auflage

WEIDT, H., 1996: Der Hund, mit dem wir leben: Verhalten und Wesen. 3. Auflage

Rund um den Hund !

U. Kober / W. Peper
Pareys Hundebuch
2., neubearbeitete Auflage.
1995. 271 Seiten mit
252 Abbildungen,
davon 210 farbig.
14 x 22 cm. Gebunden.
DM 58,– / öS 429,– / sFr 58,–
ISBN 3-8263-8033-9

Der kindersichere Hund
Freund, Beschützer, Spielgefährte
1996. Ca. 120 Seiten mit
ca. 60 farbigen Abbildungen.
14,5 x 19 cm. Gebunden.
DM 29,80 / öS 221,– / sFr 27,50
ISBN 3-8263-8407-5

R. Poortvliet
Mein Hundebuch
Aus dem Holländischen.
2. Auflage.
1987. 232 Seiten mit über
750 meist farbigen Zeichnungen.
22 x 28 cm. Gebunden.
DM 64,– / öS 474,– / sFr 64,–
ISBN 3-8263-8261-7

H. Niemand / P. Suter (Hrsg.)
Praktikum der Hundeklinik
Mit Beiträgen von J. Arndt,
S. Arnold, B. Bigler et al.
8. Auflage. 1994. XXII, 816 S. mit
405 Abb., davon 60 farbig, 123 Tab.
21 x 28 cm. Gebunden.
DM 228,– / öS 1687,– / sFr 228,–
ISBN 3-8263-3002-1

Preisstand: 1. Juni 1996

Parey Buchverlag · Berlin

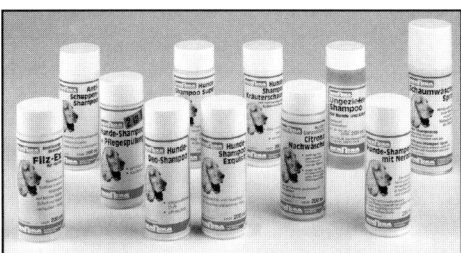